"十四五"时期江西产业高质量跨越式发展系

U0610783

"十四五"时期
江西现代农业强省 建设研究

RESEARCH ON THE CONSTRUCTION OF JIANGXI MODERN AGRICULTURAL
STRONG PROVINCE DURING THE "14TH FIVE-YEAR PLAN"

季凯文 ◎ 等著

经济管理出版社
ECONOMY & MANAGEMENT PUBLISHING HOUSE

图书在版编目（CIP）数据

"十四五"时期江西现代农业强省建设研究/季凯文等著．—北京：经济管理出版社，2020.10

ISBN 978 - 7 - 5096 - 7397 - 3

Ⅰ.①十⋯　Ⅱ.①季⋯　Ⅲ.①现代农业—农业发展—研究—江西　Ⅳ.①F327.56

中国版本图书馆 CIP 数据核字（2020）第 157834 号

组稿编辑：杜　菲
责任编辑：杜　菲
责任印制：赵亚荣
责任校对：王淑卿

出版发行：经济管理出版社
　　　　　（北京市海淀区北蜂窝 8 号中雅大厦 A 座 11 层　100038）
网　　址：www. E - mp. com. cn
电　　话：（010）51915602
印　　刷：北京晨旭印刷厂
经　　销：新华书店
开　　本：720mm×1000mm/16
印　　张：14.25
字　　数：229 千字
版　　次：2020 年 10 月第 1 版　　2020 年 10 月第 1 次印刷
书　　号：ISBN 978 - 7 - 5096 - 7397 - 3
定　　价：78.00 元

前　言

2020 年 3 月 5 日，21 世纪以来第 17 个聚焦"三农"工作的中央一号文件发布。文件从稳定粮食生产、加快恢复生猪生产、加强现代农业设施建设和发展富民乡村产业等方面阐述了促进农业高质量发展的总要求。进一步凸显了农业在国民经济发展中的基础性地位，也凸显了加快发展现代农业的紧迫性。2020 年既是全面打赢脱贫攻坚战收官之年，也是"十三五"时期农业发展目标的实现之年，以及谋划"十四五"时期农业发展战略和任务的开局之年。江西作为传统农业大省，具有丰富的农业资源和良好的农业生态基础，具备现代农业强省建设的良好基础和条件。"十三五"时期，江西在现代农业品牌建设、一二三产业融合发展等方面取得了较大的发展成就，但依然面临着"大而不强"的问题。因此，深入研究"十四五"时期江西现代农业强省建设对促进江西高质量发展具有重要的现实意义。

本书紧扣江西现代农业强省建设这一总任务，对接《江西现代农业强省建设规划（2015—2025 年)》，全面把握江西现代农业强省建设的内涵要求与时代意义，深入剖析"十三五"时期江西现代农业强省建设的经验举措、主要成效及存在的主要问题，科学研判"十四五"时期江西现代农业强省建设面临的内外部形势，实证分析江西现代农业发展的区域竞争力，研究提出了"十四五"时期江西现代农业强省建设的总体思路、战略任务、空间布局及改革行动，并借鉴兄弟省份发展现代农业的经验举措，系统提出了"十四五"时期江西推进现代农业强省建设的对策建议。具体而言，本书分为以下八个部分：

第一章，现代农业强省建设的内涵要求和时代意义。本章结合江西现代农业发展实际情况，为江西现代农业强省建设赋予了特定的内涵要求与时代意义。本章在阐述现代农业概念的基础上，从农业产量、质量、效益、结构、基础设施、科技创新、经营体系等方面深入阐释了江西现代农业强省的基本内涵，从经济高质量发展、全面建成小康社会、农业产量、农产品质量、资源节约和环境保护六个方面阐释了江西现代农业强省建设的时代意义。通过以上研究，为深入分析"十四五"时期江西现代农业强省建设面临的国内外环境以及路线图奠定了坚实的理论基础。

第二章，"十三五"时期江西现代农业发展的主要成绩、经验举措及存在的问题。"十三五"时期，江西牢固树立并深入贯彻创新、协调、绿色、开放、共享的发展理念，在现代农业发展中取得了重要成果，形成了一些值得继续坚持的经验举措。本章从农业和农村基础建设、农业供给情况和农业支持体系效能三个方面阐述了"十三五"时期江西现代农业发展主要成绩，并梳理了"十三五"时期江西在现代农业发展中的主要经验举措，深入总结了"十三五"时期江西现代农业发展仍存在的一些问题，为后续研究奠定了坚实的基础。

第三章，"十四五"时期江西现代农业强省建设面临的形势与环境。本章从国家和省内两个层面出发，介绍了"十四五"时期江西现代农业强省建设面临的形势与环境。本章从国家层面来看，乡村振兴上升为国家战略、国家大力扶持一二三产业融合发展、绿色有机农产品重视程度日益提升、农业数字化和智慧化进程加快等为"十四五"时期江西现代农业强省建设提供了有利的宏观政策环境。从省内层面来看，江西农业发展态势较好，农业政策环境较为优越，农业品牌影响力日益扩大，为"十四五"时期江西现代农业强省建设提供了良好的基础条件。总体来看，"十四五"时期江西现代农业强省建设具有有利的发展环境，可牢牢抓住国家和省内的政策导向，争取在农业现代化发展方面迈向新台阶。

第四章，江西现代农业区域竞争力评价和障碍因子诊断。本章紧紧围绕江西现代农业发展的空间格局如何、有哪些障碍因素影响江西现代农综合竞争力提升这两个基本问题，通过构建包含产量、安全、效益和协调四个一级指标以及农林牧渔业总产值、主要经济作物总产量等28个二级指标，基于2018年江西11个地级市的农业发展数据，借助熵值法和障碍因子诊断模型等方法对2018年江西11个地级市的现代农业综合竞争力和障碍因素进行了评价和分析。在现代农业发展的区域竞争力方面，南昌、赣州、吉安、宜春和上饶的竞争力更强。在综合竞争力主要制约因素方面区域间具有差异性，各地区应在推动城乡协调，第一产业、第二产业和第三产业，农业内部以及农业，农村和农民等各方面协调发展的基础上，采取差异化方案提升综合竞争力。

第五章，其他省份推进现代农业强省建设的经验借鉴。本章着重介绍与江西相邻或是与江西农业基本情况有相同特征的农业大省的典型经验举措，为江西现代农业强省建设提供实践支持。主要提及了山东、湖南、安徽、河南、四川和浙江六省，综合来看，其经验做法可以归为以下几类：一是推进一二三产业融合发展，构建现代化农业产业体系；二是发展绿色生态农业，建设绿色农产品品牌；三是优化农业供给结构，培育龙头企业。江西可着重借鉴这六个省的经验做法，在弱项补"短板"、在强项继续发力，从而向现代农业强省的目标不断迈进。

第六章，"十四五"时期江西现代农业强省建设的总体思路、基本原则和主要任务。本章首先，从现代农业管理理念、现代农业组织形式、现代农机装备发展、现代农业科学技术发展等方面阐述了"十四五"时期江西现代农业强省建设的总体思路。其次，从坚持把推进农业农村改革创新作为强大动力、坚持把保障粮食等主要农产品有效供给作为首要任务、坚持把加快推进农业提质增效作为主攻方向、坚持把市场机制和政府服务作为推动现代农业发展的重要手段等方面明确了"十四五"时期江西现代农业强省建设的基本原则。再次，从粮食产能、农村居民可支配收入、绿色有机农产品等方面明确了"十四五"时期江西现代农业强省建设的发展目标。又次，从提高粮食综合生产能力、推动现代农业示范园区建设、推进农业科技创新、构建现代农产品市场体系、加强农业生态环境保护、推进农产品质量安全监管、提升农业信息化水平等方面详细阐述了"十四五"时期江西现代农业强省建设的主要任务。最后，统筹考虑产业基础、区位优势、市场条件、资源禀赋等各方面情况，从提升发展水稻、生猪、肉牛肉羊、棉花、家禽五大传统农业，加快发展蔬菜、水果、花卉苗木、茶叶四大特色农业和稳步发展中药材、淡水养殖、休闲农业三大新兴农业等方面明确了"十四五"时期江西现代农业强省建设的主攻产业。

第七章，"十四五"时期江西现代农业强省建设的空间布局和重点工程。本章首先，按照因地制宜、发挥优势、协调推进的思路，从优先发展区域、重点推进区域和高效生态农业区域三个层面阐述了"十四五"时期江西现代农业强省建设的空间布局。其次，从高标准绿色生态农田建设工程、现代农业示范园区建设工程、现代农业科技推广工程、绿色低碳循环农业工程、农产品品牌创建工程、农业机械化和智慧化建设工程、农产品质量安全保障工程以及农村实用人才培育工程等方面阐述了"十四五"时期江西现代农业强省建设的重点工程。

第八章，"十四五"时期江西现代农业强省建设的对策建议。本章从现代农业高质量发展的视角出发，从现代农业生产体系、现代农业经营体系和现代农业产业体系构建等方面提出系统性的政策建议，为"十四五"时期江西现代农业强省建设提供决策参考。在提升现代农业综合生产力方面，主要从保持高质量的耕地供给、优化农业品种和种养结构、因地制宜推进农业机械化、大力推进农业信息化和智慧化等方面提出了相应的政策建议。在完善现代农业经营体系方面，从着力完善土地流转机制、加快培育新型农业经营主体、创新农业适度规模经营模式等方面提出了政策建议。在构建现代农业产业体系方面，从加快推进农产品产业体系发展、加快推进农业多功能产业体系发展、加快推进现代农业物流体系和营销体系建设、提升现代农业综合承载力等方面提出了政策建议。在加快推动农机装备产业高质量发展方面，从提升现代农业装备创新能力、推动现代农业装备制造标准化、智能化和绿色化和加强农业工程人才培养等方面提出了政策建议。在强化金融支持方面，从培育引导"三农"的金融意识、探索适应现代农业和"三农"金融服务需求、建立涉农金融服务到农户的数据库等方面提出了政策建议。

　　本书的总体策划工作由季凯文负责，具体研究方案由季凯文制定。总报告的撰写由季凯文拟定写作框架并进行总指导，由季凯文、王旭伟、罗璐蕙共同执笔完成。其中，王旭伟负责第一章、第四章、第六章、第七章、第八章的撰写（共计5万余字），罗璐蕙负责第二章、第三章和第五章等内容的撰写（共计3万余字）。专题1、专题5由季凯文负责，专题2由刘飞仁负责，专题3、专题4由季凯文和周吉负责，专题6由龙强负责。全书由季凯文负责统稿和修改总篡。本书的顺利完成与整个研究团队的辛勤努力密不可分，正是由于课题组成员之间的团结合作、密切配合，才保证了本书的顺利出版。在具体撰写过程中，本书还吸收和借鉴了大量前人的研究成果，在此对所有作者表示衷心的感谢。另外，由于时间紧迫，本书只是以江西为案例，从实践方面对现代农业强省建设进行了初步探索，还有很多问题值得深入研究，在今后的研究中课题组还将不断加以改进和完善，也恳请同行专家学者提出宝贵意见。

目　录

第一章
现代农业强省建设的内涵
要求和时代意义

农业是现代经济体系中的基础性产业，是打赢脱贫攻坚战，实现全面建成小康社会的重要依托。随着科学技术特别是信息技术的快速发展，美国、日本、德国以及英国等发达国家都实现了以机械化、良种化、化学化、电气化、信息化等为主要内容的农业现代化，精确农业、循环农业和低碳农业等新型农业形态日益发展壮大。中国作为农业大国，于2016年发布了《全国农业现代化规划（2016—2020年）》，从国家战略层面对现代农业发展进行了全面系统部署。在大力发展现代农业的背景下，无论是广东、浙江、山东等东部发达省份，还是湖南、河南、安徽、江西等中部省份以及陕西、四川等西部省份，均纷纷推进现代农业强省建设。近年来，江西大力推进现代农业发展，粮食和农业连年丰收，农民收入不断增加，农村经济较快发展。但总量不大、结构不优、实力不强仍是江西现代农业发展的突出"短板"。为提高农业经济实力，促进农业转型升级，描绘好新时代江西改革发展新画卷，必须以更大的决心和力度推进现代农业发展，毫不动摇地推进现代农业强省建设，以进一步做大现代农业总量、优化现代农业结构、提升现代农业发展水平。

明确江西现代农业强省建设的内涵要求和时代意义是总结"十三五"时期江西现代农业发展经验、分析现代农业发展趋势等后续研究的重要基础。本章结合江西现代农业发展实际阐述江西现代农业强省建设的基本内涵和时代意义。

一、现代农业强省建设的基本内涵

随着农业技术的进步，现代农业的生产方式和经营方式发生了巨大变化。在生产体系方面，现代农业对农业生物科技和信息技术的依赖程度越来越大。在产业体系方面，现代农业与第二产业和第三产业深度融合的趋势日益明显，这对产业融合发展提出了较高的要求，具体表现为现代农业的发展不仅需要现代农业装备制造和农产品加工业的支撑，而且需要休闲农业、农业社会化服务业等第三产业进一步拓展发展空间。在经营体系方面，规模化经营、集约化发展是现代农业发展的必由之路。具体来看，参考吴海峰（2017）的研究成果，现代农业强省建设对农业产量、品质、效益、结构、基础设施、科技创新、经营体系等方面提出了较高的要求。

（一）产量较高

高产一直是农业追求的目标，是现代农业强省建设的体量要求和基础条件。产出可以从价值量、实物量、总量和单产量等方面进行衡量，现代农业强省产出较高指的是粮食、蔬菜、水果、肉蛋奶和水产品等农产品无论从价值量还是实物量进行衡量都较高，而且粮食、蔬菜、水果、肉蛋奶和水产品等农产品的单产都较高。

（二）品质优良

较好的农产品品质既是现代农业区别于传统农业的突出特点，也是现代农业强省核心竞争力的重要依托。具体体现在，现代农业强省通过因地制宜地布局农业生产活动，合理利用本地水、光、热等自然条件和其他农业生产资源生产出品质优良和独具地域特色的农产品。通过采用生物科学技术改良动植物品种，进一步提升农产品的品质和经济效益。在制定相关法律和标准的基础上，通过采用现代信息化技术强化农产品质量检测体系，对农产品生产、流通和消费过程实行有效检测。在绿色食品认证和农业生态建设等方面取得了较大的进步。例如，在地理标志农产品认证，强化精准施肥、合理用药、绿色防控，降低化肥、农药、除草剂的投入强度等方面具备较为完善的技术标准和法律。

（三）效益显著

高效益既是现代农业发展的基本特征，也是现代农业强省建设的基本要求以及实现可持续发展的重要条件。现代农业不仅强调经济效益，还注重社会效益和生态效益。具体而言，现代农业强省在农业适度规模经营、土地产出率、资源利用率以及农业的科技贡献率等投入产出效率方面都具有优势。

（四）结构合理

农业的生产经营结构对其总体效益具有重要影响。一般而言，现代农业结构涉及产品结构、产业结构和区域结构三大方面。具体而言，就是农产品供给契合消费升级的需求。形成合理的种植业结构和农林牧渔结构，深入挖掘农业的生态价值和人文价值等潜在价值，促进休闲农业和乡村旅游大发展，使农业空间成为经济发展的重要战略空间。农产品生产形成良好的区域分工格局，最大限度地挖掘利用区域的农业生产条件。

（五）基础设施完善

随着现代科学技术特别是信息技术的发展，农业水利化、机械化、电气化和信息化持续推进，电力、互联网等基础设施成为现代农业发展的基础条件，也成为江西现代农业强省建设的突出"短板"。具体而言，现代农业强省要求拥有完善的农田水利设施、便利的现代农业机械装备作业条件、智能化的农业环境监测设备和相应的软件等基础设施。特别是要抓住

"新基建"建设的机遇，大力推进互联网基础设施的改造升级，互联网深度赋能现代农业发展提供充分的技术条件。

（六）科创水平较高

随着现代化机械设备和生物科学技术在农业中的广泛运用，科技创新的现代农业发展的重要支撑作用愈加突出，所以强大的科技创新能力成为现代农业强省建设的关键所在。具体表现在，具有强大的农业机械研发能力，逐步实现人的解放，进而提升农业效率；具有先进的生物科学技术，可以将良种达到全覆盖率。

（七）经营体系完善

产业化运营是现代农业发展的重要方向，而提升农业生产经营组织化程度是提升农业产业化运营水平的主攻方向所在，提升农业生产经营组织化程度是提升农村发展充满活力和现代农业强省建设的制度保障。具体而言，在农村土地制度改革，职业农民、专业合作社、专业大户、家庭农场、农业企业以及农业社会服务组织培育等方面在全国具有优势。

总之，随着科学技术的发展，各种生物化学技术以及信息技术在现代农业中的运用日益广泛，农产品的消费需求不断地升级，现代农业强省建设的内涵要求不断地丰富，现代农业强省逐渐会成为一个相对概念，但其核心内涵是构建和完善与经济社会发展相适应的现代农业生产体系、产业体系和经营体系三大体系。

二、现代农业强省建设的时代意义

随着乡村振兴战略的实施，我国已处在以新型城镇化为主要抓手的城乡融合发展新阶段，农业的基础性地位愈加重要。为顺应农业高质量发展的迫切需求，2020 年 3 月 5 日发布的中央一号文件依旧聚焦"三农"，这是 21 世纪以来第 17 个聚焦"三农"领域的中央一号文件。加快发展现代农业是党中央、国务院做出的重大战略决策。在乡村振兴背景下，国家支持现代农业发展的力度正在逐步加大，江西现代农业强省建设正当其时。在对内改革方面，"十四五"时期江西现代农业强省建设有利于提升农业综合生产能力，培育现代农业经营主体，推动农业延长产业链，实现产业融合发展。在对外开放方面，通过对接"一带一路"倡议，江西现代农业强省建设将助推农业扩大开放，拓展农业发展的国际市场，有利于农业"走出去"、"引进来"。具体而言，江西现代农业强省建设的时代意义包含以下六个方面：

（一）新常态下江西实现农业转型升级的客观要求

我国经济正处于深度调整期，新技术、新动能正在孕育，产业转型升级已是大势所趋。在此背景下，在经济发展新常态下实现经济平稳持续较快发展，需进一步强化农业的基础性地位，促进农业转型升级。当前江西农业发展中面临供给保障不充分、农业产业链条延伸不够以及新型经营主体带动能力较弱等问题，而通过把产业链、价值链等现代产业组织方式引入农业，加快现代农业强省建设，有助于提升农产品品质和绿色发展水平，实现农业发展的质量变革、效率变革和动力变革；有助于深入挖掘农业的生态价值和文化价值，实现农业空间的高效利用，将农业空间打造成为现代产业发展的战略空间。有助于加快农业领域"电商换市"步伐，充分挖掘农村消费潜力、刺激农业农村投资，形成新的经济增长点。

（二）江西促进农业规模做大做强的迫切需要

总量不大、结构不优以及实力不强仍是江西现代农业发展的突出"短板"，所以实现农业做大做强是"十四五"时期江西建设现代农业强省的迫切需求。通过现代农业强省建设，将从生产体系、经营体系和产业体系方面重塑江西现代农业的发展面貌，促进农业扩容增量和提质增效，进而实现现代农业做大做强。

（三）实现江西农业高质量发展的必然要求

随着经济社会的发展，居民的需求朝着高端化升级的速度正在加快，居民对农产品质量要求越来越高，品质化、绿色化已经成为未来农业高质量发展的重要方向，农产品的高质量供给逐渐成为江西农业发展的突出"短板"。通过现代农业强省建设，可以结合农业物联网、区块链等现代信息技术实现农产品质量的全过程监管和标准化生产；可以通过深入实施测土配方技术、农业废弃物循环利用技术等技术引导现代农业朝着无公害、绿色和有机的方向发展。

（四）江西实现全面建成小康社会和深入实施乡村振兴战略的重要内容

全面建成小康社会的重点难点在农村，重要依托是现代农业，深入实施乡村振兴战略的重要支撑也是农业。以构建现代农业生产体系、产业体系和经营体系三大体系为主要抓手可以深化农村土地制度改革，充分激发农村发展活力，引导农民就地城镇化，增强农业发展效益，促进农民增收，实现"三农"协调发展。

（五）江西实现农业集约化发展的必然路径

随着土地等农业资源条件约束的逐渐增强，集约化已经成为现代农业发展的必然路径。江西通过建设现代农业强省，有助于优化农业产业布局，实现农业产业园区和集聚区土地资源的高效利用，促进产业链中经营主体的高效协同，提升产业运行效益；有助于发展节水灌溉等新技术，实现水资源的节约和高效利用；有助于综合利用农业废弃物等资源，推动生态养殖和有机肥料生产，实现农业资源的深度利用。

（六）江西发展环境友好型农业的必由之路

现代经济发展追求经济效益、社会效益和生态效益的统一，所以实现低污染和高产出是现代农业强省建设的必然之路。江西通过现代农业强省建设有助于集中治理突出的农业生态环境污染问题，实现农业生态环境的整体优化；有助于大力发展生态农业、循环农业、低碳农业和休闲农业等新型农业，拓展农业功能。

第二章
"十三五"时期江西现代农业发展的主要成绩、经验举措及存在的问题

"十三五"时期，江西牢固树立并切实贯彻创新、协调、绿色、开放、共享的发展理念，在现代农业发展中取得了重要成果，形成了一些值得继续坚持的经验举措，但也出现了一些突出的问题。本章从农业和农村基础建设、农业供给情况和农业支持体系效能三个方面梳理"十三五"时期江西现代农业发展取得的主要成绩，总结"十三五"时期江西在现代农业发展的两大经验举措，并归纳"十三五"时期江西在现代农业发展方面仍存在的一些问题，为后续研究奠定了基础。

一、"十三五"时期江西现代农业发展取得的主要成绩

围绕如何坚定走生产发展、生活富裕、生态良好的绿色崛起之路，江西在2016年的全国"两会"期间首次提出"绿富美"的概念，将生态效益与经济效益相统一。这一新概念精确地概括了江西农业工作的新特点、新要求。其中，"绿"，指生命的象征、大自然的底色，代表江西良好的生态环境；"富"，指经济的繁荣发展、人民生活水平的不断提高；"美"，

指美丽的风景、美好的生活。"绿富美"的概念深刻贯彻落实了"两山"理论，在将绿水青山变成金山银山的同时，让人民生活幸福指数有所提高。"十三五"时期是江西推进国家生态文明先行示范区建设的决胜阶段，也是全国同步建成小康社会的决胜阶段，而农业是乡村振兴与产业扶贫重点举措。因此，如何促进现代农业高质量发展至关重要。

（一）农业和农村平稳健康发展，农村小康社会建设持续推进

1. 农业机械化显著提高、发展方式因地制宜

江西土地面积 16.69 万平方公里，山地约占全省总面积的六成，平原、盆地、丘陵、水面约占四成。江西农业机械化发展采取分区确定规模，湖区、平原和盆地等农业条件较好的地区，着力推广大型农机的使用，并提升农机的信息化水平。而山地和丘陵等农机化条件较差的区域，因地制宜地向农、林（果）、牧、副综合机械化的农机化发展方式调整。"十三五"时期，江西先后出台了《江西农业机械化管理局关于进一步规范做好省级农机推广鉴定工作的通知》、《江西农机局关于清理整顿违规插手农机购置补贴产品经营活动的通知》、《江西 2018—2020 年农机新产品购置补贴试点实施方案》、《江西人民政府关于加快推进农业机械化升级和农机装备产业振兴的实施意见》等多项政策，清理整顿违规插手农机购置补贴产品经营活动，进一步规范农机推广鉴定，对农机补贴和报废农机回收企业认定进行调整，从生产、推广、鉴定、补置、回收一整套社会生产流程完善江西农机化装备产业，推动农机社会服务水平上升。

2. 农民收入水平稳重有进，推进多种有效扶贫方式

江西各地区相应采取产业扶贫、旅游扶贫、科技扶贫等多条扶贫措施，帮助农民增收。在脱贫攻坚中，江西相关部门和广大科技工作者以"科技创新助推产业扶贫"为主线，围绕解决贫困群众实际问题，瞄准地方特色主导产业发力，为精准扶贫插上"智慧翅膀"。赣州市信丰县西牛镇曾屋村靠大联强，引进蔬菜产业集团，合资成立农业公司，帮助曾屋村摘掉了贫困村的"帽子"。江西石城县素有"中国白莲之乡"的美誉，该

地区农民的土地被流转到荷花观赏园等景区,"田中种景"依托资源推进旅游扶贫,形成农旅融合型模式,当地农家乐、农家民宿、农业采摘园遍地开花,农民不仅能流转收费还能从中获得种植收益。井冈山市与山东寿光市合作共建的井冈山高科技农业博览园采取创新引领、政府搭台、企业唱戏、产业扶贫、项目带动的开发式科技扶贫模式,规划用地1000亩,辐射带动种植5万亩,已建成智能大棚6万平方米,解决就业350人,发展特色优势产业、提升农民职业技能、促进贫困农民脱贫致富。

3. 城乡基本公共服务基本落实,农村公共服务水平和覆盖程度全面提高

越来越多农民弃地外出打工,主要原因在于农村公共服务供给的数量和质量都不高。对于农村"短板"问题,江西加快推进农村公共基础设施提档升级,全面完成农村人居环境整治三年行动;加强和创新农村社会治理,以自治促文明、以法治促和谐、以德治淳民风,着力推动农村三治融合;编密兜牢社会救助安全网,深入实施脱贫攻坚三年行动计划,实施基本医保、大病保险、商业补充保险、医疗救助"四道防线"相衔接,确保到2020年稳定实现城镇贫困群众"两不愁三保障"的目标。农民有了越来越先进的环境设施和稳定的社会保障,才能够安心、有效地保障粮食生产。截至2018年底,全省17071个行政村中,自来水受益村达到12697个,占74.4%;通有线电视的村16583个,占97.1%;通宽带的村16923个,占99.1%。

(二) 居民农产品需求基本满足,农业供给稳中有进

1. 农业供给数量稳步提高

江西农业基础地位稳固,2013~2019年粮食总产量实现"七连丰",大力实施"藏粮于地""藏粮于技"战略,夯实粮食产能基础,产量稳定在420亿斤(2100万吨)以上(见图2-1)。江西按时完成高标准农田建设任务且成效显著,国务院特将江西列为2018年度全国4个高标准农田建设成效明显的激励省份之一,并给予2亿元的奖励资金。截至2019年5

月上旬,江西全省已累计完成高标准农田建设2250万亩,占全省耕地面积的48.64%。江西围绕实施优质稻米、蔬菜、水果、茶叶、中药材、草地畜牧业、水产业、休闲农业和乡村旅游、油茶九大产业发展工程,突出产业区域化布局、规模化推进,进一步聚集农业结构调整资金、资源、政策等产业发展要素,支持产业发展具备一定基础、产业基地达到一定规模的市县发展主导产业,促进优势产业做大做强、传统产业做优做精,着力打造稻米、蔬菜、果业、畜牧业、水产、休闲农业和乡村旅游六个超千亿产业,茶叶、中药材、油茶三个超百亿产业。

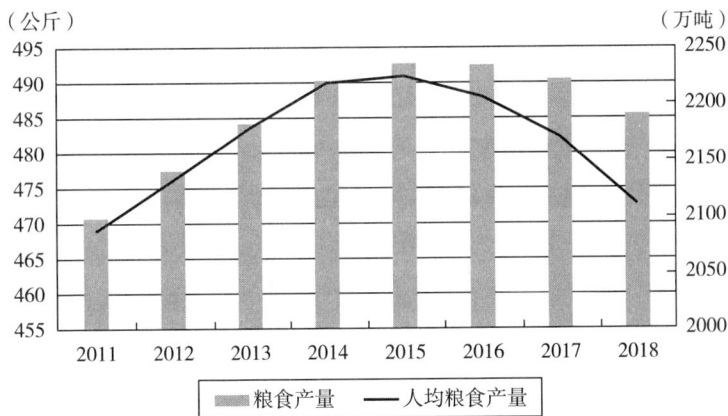

图2-1 2011~2018年江西粮食产量与人均粮食产量

2. 农业生产方式逐步改善

在建设绿色农产品生产基地建设方面,2017年首部农业生态环境地方性法规《江西农业生态环境保护条例》颁布施行,持续开展农产品质量安全和农业面源污染专项整治,全省农药、化肥保持"零增长"(见图2-2),病死猪无害化集中处理率达到70%以上。建成覆盖省、市、县三级的农产品安全追溯平台,创建国家农产品质量安全市、县11个,省级绿色有机示范县25个,建有全国绿色食品原料标准化生产基地44个、面积853.6万亩。在发展绿色产品方面,大力开展质量兴农行动,截至2018

年上半年，全省共发展"三品一标"产品 4529 个，其中无公害农产品
2147 个、绿色食品 608 个、有机食品 1692 个、农产品地理标志 82 个。累
计制定、修订省级以上农业标准 330 项，主要农产品抽检合格率达
98.6%。在唱响绿色农产品品牌方面，大力实施"生态鄱阳湖·绿色农产
品"品牌培育行动，统筹整合 2.4 亿元资金在央视等大型媒体宣传江西绿
色农产品品牌，创设省级"公共·农业"电视频道，持续扩大绿色农产品
品牌影响力。赣南脐橙、南丰蜜橘、广丰马家柚、庐山云雾茶、宁红茶、
遂川狗牯脑、瑞昌山药、广昌白莲、泰和乌鸡、高安大米被评为"2017 最
受消费者喜爱的中国农产品区域公用品牌"100 强，农产品品牌价值和市
场竞争力不断提升。

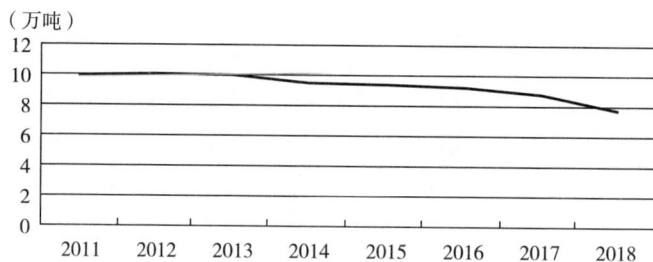

图 2 - 2　2011 ~ 2018 年江西农药使用量

3. 农业产业体系不断调整

在打造农业发展平台方面，大力实施"百县百园"建设工程，深入推
进"四区四型"（四区即农业种养区、农产品精深加工区、商贸物流区和
综合服务区，四型即绿色生态农业、设施农业、智慧农业和休闲观光农
业）发展新模式，截至 2018 年底，创建国家现代农业产业园 2 个、国家
级田园综合体 2 个、国家农村产业融合发展示范园 4 个、国家农业可持续
发展试验示范区 1 个、建设省级现代农业示范园 159 个。在促进农产品加
工业发展方面，江西在 2018 年发布《江西人民政府关于做大做强农产品
加工业推动农业高质量发展的实施意见》，以农业供给侧结构性改革为主

线,促进农产品加工业标准化、集约化发展,着力实施"七大行动",分别在重大项目引进、龙头企业培育、企业转型升级、原料基地建设、科技创新引领、流通体系建设和质量品牌创建发力,着力形成要素集聚、特色鲜明、利益联结稳定的农产品加工业发展新格局。2019年发布的《江西省做大做强农产品加工业推动农业高质量发展》进一步提出,要结合招大引强、实施分类指导、保护绿色生态、产业融合等多项措施,不断增强农产品加工业发展动力,完善利益结合模式。截至2019年前三个季度,江西规模以上农产品加工业企业2867家、同比增加262家;农产品加工业总产值近4200亿元、可比增长4.5%。全省农业产业化省级龙头企业871家,其中农业产业化国家重点龙头企业40家。全国农业产业化龙头企业500强榜单中,江西农业产业化龙头企业实现进位赶超,有34家企业上榜,同比增加12家。全省农业产业化联合体内龙头企业销售收入320亿元,农户加入联合体后经营增收总额20.8亿元,带动农户39.7万户,户均增收5200多元。在发展农业新业态方面,江西大力推动农业由单一功能向多功能拓展,加快发展休闲农业、农村电商等新业态。截至2017年底,江西共创建5A级乡村旅游点8家、4A级乡村旅游点120家、旅游风情小镇30家,全省各类休闲农业规模经营企业总数达5000家,培育43个国家级、10个省级电商进农村示范县,建设各类电商站点2.3万余个,覆盖全省80%以上乡村。

(三)农业支持体系效能基本完善,强农惠农富农政策全面落实

1. 政府对农业的重视程度与支持不断提高

在组织领导方面,将现代农业发展的相关指标纳入地方高质量发展综合考核评价,进一步完善促进农业发展的机制;为破解高标准农田建设资金筹措难题,江西主动谋划新的资金筹措方式,在上海证券交易所成功发行全国首只高标准农田建设专项债。在财政支持方面,各部门把农业农村作为财政支出的优先保障领域,加大财政涉农资金统筹整合,制定出台加

快农业结构调整九大产业发展行动计划和加快林下经济发展六大产业行动计划，新增安排省级财政资金 5 亿元，专项支持重点产业发展；统筹整合财政涉农资金，充分发挥各级财政资金的引导作用，撬动更多的社会资本和金融资源投向农产品加工业。本书将 2016～2018 年中部六省的农业财政支出（农林水支出）除以各省份的农林牧渔业总产值，如表 2－1 所示，得到江西的财政拉动农业产值的比率在中部六省中排名第二，财政支持效能显著。在金融支持方面，以农业政策性保险政策为着力点，增强金融支现代农业发展的力度。支持农产品加工企业赴境内外资本市场上市及在新三板、江西联合股权交易中心挂牌融资，推动符合条件的农产品加工企业通过发行公司债和各类债务融资工具提升融资规模。鼓励国有企业集团搭建投融资平台，通过股权投资等形式，支持农产品加工企业做大做强。在减税政策方面，农产品加工企业购进农产品可凭收购发票抵扣增值税进项税额，进一步扩大购进农产品增值税进项税额核定扣除试点范围，降低江西农产品优势特色产业增值税税负，农产品加工企业从事农产品初加工项目的所得，免征企业所得税。从事研究开发新产品、新技术、新工艺所发生的各项费用，可按税法有关规定在缴纳企业所得税前加计扣除；经认定为高新技术企业的，减按 15% 的税率征收企业所得税。

表 2－1　2016～2018 年中部地区农业财政支出及产值对比

项目	省份	2016 年	2017 年	2018 年
农林水支出（亿元）	江西	580.9	607.71	599.41
	河南	807.06	916.81	1001.08
	山西	432.02	477.91	581.34
	湖北	704.59	714.73	785.55
	安徽	624.83	681.91	704.86
	湖南	729.75	782.42	925.57

项目	省份	2016 年	2017 年	2018 年
农林牧渔业总产值 （亿元）	江西	3019.87	3069.01	3148.57
	河南	7405.42	7562.53	7757.94
	山西	1429.91	1418.73	1460.64
	湖北	5863.98	6129.72	6207.83
	安徽	4432.32	4597.94	4672.71
	湖南	5057.52	5213.48	5361.62
农林水支出/农林 牧渔业生产总产值 （%）	江西	19.24	19.80	19.04
	河南	10.90	12.12	12.90
	山西	30.21	33.69	39.80
	湖北	12.02	11.66	12.65
	安徽	14.10	14.83	15.08
	湖南	14.43	15.01	17.26

2. 农村改革持续深化

在农地确权进度方面，全面完成农村土地承包经营权确权登记颁证工作，为农村土地流转、数字化管理等奠定了坚实基础。在放活农村流转积极性方面，发展多种形式农业适度规模经营。在推进农村集体产权制度改革方面，出台了相关政策，推动农村集体资产股份权能改革试点和"两权"抵押贷款试点落地。在农业规模化经营方面，通过转包、出租、互换、转让等方式，农村土地正向新型农业经营主体集中。在新型农业经营主体培育方面，通过扶持种养大户、家庭农场、农民合作社、龙头企业等新型经营主体，现代农业经营体系逐渐完善。在建设农村综合产权流转交易市场方面，以南昌、九江、鹰潭、吉安、抚州五市农村产权综合交易平台为支撑的试点已经展开，农村产权交易市场日益活跃。在深化农垦改革方面，2016 年江西出台并全面贯彻落实《关于进一步推进农垦改革发展的意见》，农场企业化、垦区集团化、股权多元化改革行动已经全方位展开。

二、"十三五"时期江西现代农业发展的经验举措

（一）多个试点全面实施

1. 绿色有机农产品示范基地试点省

以绿色兴农为目标，江西加强将绿色生态优势逐渐转化为现代农业发展优势，被列为全国唯一的绿色有机农产品示范基地试点省。江西在国家农产品质量安全县（市）和省级绿色有机农产品示范县创建方面持续发力，进一步扩大农产品质量安全追溯覆盖范围，大力发展富硒产业，做到三个"绿色"。一是生产绿色，推进测土配方施肥、农药精准科学施用，逐渐减少化肥农药使用量，减少农业面源污染。加大畜禽养殖粪污治理力度，积极发展猪沼果等生态循环种养模式，实现农业废弃物资源的再利用。二是产品绿色，加强农产品质量和食品安全信息平台建设，增强农产品质量检测水平。建设一批标准化"三品一标"产业基地。加快发展富硒产业。三是唱响绿色，深入实施"生态鄱阳湖、绿色农产品"品牌战略，深入挖掘"老字号""贡字号"品牌。支持新型农业经营主体参加农业会展等活动，丰富品牌宣传形式。

2. 畜禽养殖粪污处理试点

依托国家畜禽粪污资源化利用整县推进项目，江西推广种养结合、第三方处理、发酵床养猪等模式，大力加强了规模养殖场粪污处理利用设施配套建设，开展标准化示范创建等活动，形成了四种具有江西特色的模式。一是全域种养结合循环利用的"定南模式"。该模式将养殖业和种植业有机结合，与高标准绿色生态循环农业园建设有机对接，实现养殖业废弃资源的高效转化利用。二是第三方处理模式。该模式主要利用养殖业废

弃资源进行有机肥生产加工和专业发电。三是减量化生产模式。该模式通过利用新型养殖技术，实现养殖废弃物的零排放。四是农牧结合模式。该模式包括猪—沼—果（菜、苗木、油茶、草）、猪—沼—脐橙、猪—沼—蜜橘等模式。

3. 多方位农业机械化试点

江西在农机购置补贴、水稻插秧等方面全方位打造江西农业机械化试点。

（1）农机购置综合补贴"三合一"办理试点。在《关于做好农机购置综合补贴试点工作的通知》的指引下，在江西全省范围内启动农机购置补贴"三合一"办理（补贴 APP 申请、二维码识别、作业轨迹监测）和贷款贴息试点工作。江西对本省农机购置补贴辅助管理系统进行了全面升级，增加人脸识别和机具二维码扫描功能，补贴办理实现"真人、真机"管理；打通江西农机安全监督管理系统与农机购置补贴辅助管理系统间的数据通道，补贴办理过程中实现数据自动比对，机具实行"真牌"管理；开发赣机惠农系统，通过系统对机具的作业轨迹和作业面积进行计算，实现机具"真用"管理。真正落实让数据多跑路，农民少跑腿，补贴办理"最多跑一次"。

（2）水稻插秧中心试点。为突破水稻机插"瓶颈"，推进水稻生产全程机械化，江西下达 1.0272 亿元专项资金，支持 14 个试点县（场）开展水稻育秧中心建设，预计建成 60 余个大型水稻育秧中心。通过项目实施，积极引导农机社会化服务组织开展"商品化供秧、机械化插秧"作业服务，力争 2~3 年内全省水稻机械化种植率提高 5 个百分点。水稻育秧中心建设项目试点包括安义县、芦溪县、瑞昌市、永修县、渝水区、信丰县、高安市、奉新县、万年县、铅山县、吉安县、吉水县、崇仁县、南昌市高新区（五星垦殖场）14 个县（市、区）。

（3）水稻全程机械化试点。吉安市新干县农机局积极实施农机化推进工程，加大水稻生产全程机械化技术应用范围。在 2018 年二晚水稻收割中示范区内机耕率达 100%、机插率达 90%、机收率达 100%、秸秆机械还田率达95%、机械烘干率达90%，综合机械化水平超过95%。示范区以机械化耕整地、播种、植保、收获、烘干、秸秆处理为重点环节，积极应用和推广先进适用农机化技术及装备，通过试验示范，带动全县机插、机收等技术和新机具的推广。

（二）智慧农业百花齐放

1. 落实"三十双百"农业科技创新工程

江西以企业为实施主体，以重大科技专项为抓手，以平台建设和人才队伍为支撑，大力实施农业创新驱动"三十双百"工程，即实施10个左右农业科技重大专项项目，建设10个省级农业科技创新平台，建立10个现代农业产业技术体系；引进、培养100名农业科研领军人才；培育100家科技型农业产业化龙头企业，力争江西农业科技进步贡献率达到60%以上，达到全国平均水平，将全省建设成为国家绿色有机农产品示范基地，率先在全国实现农业现代农业强省及绿色崛起提供第一动力。

2. 发展数字化智慧农业

通过"智慧农业＋绿色果蔬"关键技术能提高育苗的产量和质量，增加农民收入，加快贫困户脱贫速度。赣州市赣县区五云镇育苗中心采用国际上领先的设施设备结合数字化、信息化技术实现育苗自动化生产和数字化管理，贯穿播种、催芽、嫁接、愈合、育苗、炼苗的育苗各环节全过程，向附近的菜农提供优质免费的种苗，有力助推该镇智慧农业产业发展。

3. 在全国率先建立"123＋N"智慧农业平台

江西省农业厅采取政府与社会资本合作（PPP）模式，引入北京农信通集团打造智慧农业"123＋N"，即建设1个数据云——江西农业数据云；2个中心——农业指挥调度中心、12316咨询服务中心；3个平台——农业物联网平台、农产品质量安全监管追溯平台、农产品电子商务平台；N个系统——涉及种植业、养殖业及OA无纸化办公、农业综合执法、农业技术服务等子系统，在全国率先整省推进智慧农业建设。目前，江西已完成了 1 个数据云、2 个中心、3 个平台及 5 个重点现代农业园区物联网示范建设,并在全省建立了 4 家县级农产品电商运营服务中心和 300 个村级益农信息社。预计到 2025 年,江西"互联网 + 农业"产业体系将初步形成,智慧农业体系也将基本完善。

三、"十三五"时期江西现代农业发展存在的主要问题

从现代农业的阶段性来看,农业的发展会经历四个阶段,分别为以人力和畜力为代表的传统农业;以机械化为主的小型规模化农业;以信息技术和自动化装备为主的自动化农业以及以大数据、物联网、人工智能为主的智慧化农业。这农业四个阶段分别被定义为农业 1.0、农业 2.0、农业 3.0 和农业 4.0。我国农业耕地种类多样,幅员广阔,区域发展不均衡,从农业 1.0 到农业 4.0 均在各地有所分布。而江西目前综合机械化率达到了 70% 以上,刚迈入农业 3.0 的阶段,但是由于江西地势以山脉为主,部分区域土地未连块、发展不平衡,存在着农业发展水平滞后、农产品加工程度不高、特色农业品牌效应不强和农机化发展不均衡等一系列问题。

(一) 农业发展水平整体仍然滞后

1. 农业基础不牢

江西较中部其他地区农业综合生产能力水平不高,规模化经营水平较低,农业产业链条较短。如表 2 - 2 所示。江西人均粮食产量在"十三五"时期虽每年同比增加,但增幅不大且 2018 年效益不如往年高;人均粮食产量总值在中部六省中仅排名倒数第三。

表 2 - 2　2016～2018 年中部地区人均粮食产量对比

排名	年份	省份	人均粮食产量（公斤）	排名	年份	省份	人均粮食产量（公斤）
1	2018	河南	693.8958	4	2018	江西	472.6649
	2017	河南	683.4895		2017	江西	482.2381
	2016	河南	625.5628		2016	江西	466.9435
2	2018	安徽	637.1536	5	2018	湖南	439.4095
	2017	安徽	645.7101		2017	湖南	449.2855
	2016	安徽	553.914		2016	湖南	434.1329
3	2018	湖北	480.4924	6	2018	山西	372.0742
	2017	湖北	482.9269		2017	山西	367.0356
	2016	湖北	435.2439		2016	山西	358.9677

2. 农业产业结构不优

尽管江西实施了农业结构调整九大产业工程，但效果还未达到预期。例如稻米，主要以原粮或散装大米外销，中高端大米市场占有率小。又如蔬菜产业，虽然增速较快，但总量仍然偏小，全省蔬菜自给率不到 60%，蔬菜供应还存在季节性短缺。

（二）农产品加工程度不高

1. 农产品加工整体规模不大

在农产品加工业方面，江西农产品加工率还不到 66%，低于全国平均水平。在龙头企业培育方面，全省超亿元的企业仅有 766 家、超 10 亿元的仅有 44 家。2019 年前三季度，江西省规模以上农产品加工业企业仅有 2867 家，农产品加工业总产值仅为 4200 亿元。全省农业产业化省级龙头企业 871 家，其中国家重点龙头企业仅有 40 家。2019 年全国农业产业化龙头企业 500 强榜单中，江西仅有 34 家企业。

2. 农产品加工人才紧缺

江西农业科技支撑能力不强，全省每万人各类科技人员的拥有量是

180 人,农业科技人员只有 5 人。农业科技人员的知识深度和广度不够,高层次人才匮乏以及农产品加工技术研发投入偏低,科企技术对接机制不畅,均制约江西农产品加工业的发展。

3. 农产品加工技术有待提高

大多数农产品加工企业的加工技术水平还较低,加工生产设备和技术有待进一步改造、更新和提高。

4. 农产品加工企业融资难

农产品加工企业由于自身资本积累速度慢、能力弱、贷款担保手段缺乏,且流动资金季节性需求突出,企业资金投入不足和融资困难等问题在一定程度上制约了农产品加工企业发展。

(三) 特色农业品牌效益不强

1. 在农业品牌影响力不高

江西只有"赣南脐橙""庐山云雾茶""赣南茶油""乐安竹笋"四个农业品牌进入了全国区域品牌百强榜,而大米、生猪、水产等传统产业,没有一个品牌进入全国百强。

2. 休闲农业效益不大

截至 2018 年 6 月,江西规模以上休闲农业企业仅有 5000 家,农家乐经营户还不到 2.5 万户。江西休闲农业经营模式从单纯的观光采摘发展为休闲观光园区、美丽休闲乡村、农家乐、乡村民宿等多种模式,全省各类休闲农业经营主体占全国总数量的 9.3%,尽管经营主体多,但所带动的收益仍不如河南、湖南等一些中部农业大省。江西休闲农业发展整体水平仍需提高,存在当地特色不明显,高端产品较少,同质化现象较严重;休闲农业园区公共服务配套设施仍需完善,服务水平有待提高;休闲农业企业缺乏从事经营管理、项目策划等工作的专业人才,员工整体素质需要提升等问题。而对比中部其他省份,尤其是湖南,休闲农业经营主体近 2 万家,年接待游客超 2 亿人次,年经营总收入预计 480 亿元,这离不开与农业结合的当地文化品牌宣传与蓬勃。

3. 地方菜系未能有效带动江西农业发展

每个地方都有当地知名的地标菜，与地域农业发展密切相关。例如，四川拥有着泸菜和蓉菜两个菜系，这些地标菜带动着四川各类种养殖业的繁荣和发展。四川是全国五大林区、五大牧区之一，是全国重要粮食主产区和重要农产品保护区，该省的生猪出栏量、油菜籽产量均居全国第一，这些成就与四川自身的内需和所创造出的品牌效益有很大联系。江西的赣菜（又称江西菜）历史悠久，是在继承历代"文人菜"基础上发展而成的乡土味极浓的家乡菜，甚至被称为"第九大菜系"，但在全国却不甚知名，如果能发扬江西菜系的知名度，可带动江西农业多方面发展。例如，种养殖业，江西作为物华天宝的"鱼米之乡"，在拉动内需的同时吸引其他省份购买甚至可以因生态农业扩大出口规模；又如，休闲农业，吸引各地人们前来游玩，在拉动江西旅游业的同时使当地农家乐遍地开花。

（四）农机化发展不均衡

1. 主要农作物耕种收综合机械化率尚未达到先进农业地区水平

我国不同区域之间农机化发展水平各有不同，先进地区耕种收综合机械化水平已达 80% 以上，而落后地区还不到 50%。2018 年，全国主要农作物耕种收综合机械化率超过 67%，其中主要粮食作物耕种收综合机械化率超过 80%。2018 年，江西主要农作物耕种收综合机械化水平达到 72.8%，虽高于全国平均水平，但尚未达到先进地区的要求。对比中部其他地区，湖南在 2018 年耕种收综合机械化水平就达到 73.8%，河南达到 82.6%，安徽达到 80% 以上。同时，将 2016～2018 年中部地区六省的农业机械总动力与各地的农作物播种面积相除，得到各省份单位农作物播种面积的农业机械总动力，如表 2-3 所示，发现江西该指标在中部六省中排名倒数第二，且与安徽相差近 1 倍。按照《江西人民政府关于加快推进农业机械化升级和农机装备产业振兴的实施意见》安排，到 2022 年，江西农机总动力达到 2700 万千瓦左右，农作物耕种收综合机械化率达到 77%，水稻主产区基本实现生产全程机械化；到 2025 年，全省农机总动力达到 3000 万千瓦以上,全省农作物耕种收综合机械化率达到 80%,水稻基本实现生产全程机械化。江西作为农业大省,向现代农业强省的目标前进,提高耕种收综合机械化水平至关重要。

表 2 - 3 2016~2018 年中部地区农业机械总动力水平对比

省份	年份	农业机械总动力（万千瓦）	农作物总播种面积（千公顷）	农业机械总动力水平（农业机械总动力/农作物总播种面积）
安徽	2018	6543.81	8771.11	75
	2017	6312.86	8726.68	72
	2016	6867.49	8893.61	77
福建	2018	1228.27	1577.31	78
	2017	1232.42	1549.34	80
	2016	1269.09	2327.31	55
河南	2018	10204.46	14783.35	69
	2017	10038.32	14732.53	68
	2016	9854.95	14472.32	68
湖北	2018	4424.61	7952.90	56
	2017	4335.09	7956.14	54
	2016	4187.75	7843.51	53
湖南	2018	6338.57	8111.09	78
	2017	6254.83	8321.98	75
	2016	6097.54	8793.28	69
江西	2018	2381.97	5555.81	43
	2017	2309.60	5638.46	41
	2016	2201.62	5560.67	40
山西	2018	1441.09	3555.17	41
	2017	1376.30	3577.62	38
	2016	1744.26	3720.81	47

2. 农机化发展存在区域不平衡

区域不平衡具体表现为环鄱阳湖平原地区与丘陵山区农机化发展不平衡。在 2020 年 1 月农业农村部公布的全国第四批率先基本实现主要农作物生产全程机械化示范县名单中，江西只有瑞昌市、奉新县、安义县、新余市渝水区、高安市、泰和县 6 个县（市、区）成功入选。对比中部地区一些农业大省，如表 2-4 所示，江西入围县（市、区）百分比仅为 6%，仍不算靠前。

表 2-4　中部省份入围主要农作物生产全程机械化示范县数量对比

省份	入围县（市、区）（个）	各省县（市、区）（个）	入围县（市、区）百分比（%）
湖北	4	80	5.00
湖南	5	91	5.49
河南	14	158	8.86
江西	6	100	6.00
安徽	8	105	7.62
山西	22	119	18.49

3. 农机化发展存在领域不平衡

领域不平衡主要表现为粮食作物生产机械化水平较高，而与经济作物生产机械化较低。种植业与养殖业机械化发展也不平衡。从 2018 年江西农业生产者购买补贴机具情况来看，粮油生产机具仍然是重点中的重点，使用补贴资金占比达 98.96%；其他类机具使用补贴资金只占 1.04%，分别是果业生产机具、茶叶生产机具和畜牧业机具，占 0.42%、0.33% 和 0.28%。江西水稻生产全程机械化正在加速发展，但经济作物生产机械化还处于起步阶段。在补齐水稻全程机械化短板的推动下，江西农业生产者购买水稻插秧机连续两年得到增长，2018 年达到 1087 台，较上年增长254 台，增幅 30.49%；与水稻插秧机大幅增长相对应的是其他经济作物机械化增幅明显放缓，尤其是果业和茶业，受制于果园、茶园地理条件、标准化程度不高以及作业复杂多样等因素,果茶产业是江西全面机械化发展短板中的"短板",特别是种植环节以及水果采收、优质茶采摘基本上是人工完成,只在产后初步处理方面有一定的机械化运用。与此同时,当前江西畜牧业机械化基础薄弱,受符合补贴要求的机具少、推广服务落后等因素制约,畜牧业生产者购买补贴机具数量虽逐年缓慢增长,但一直处于较低水平。2018年,江西畜牧业生产者购买饲料混合机、孵化机、病死畜禽无害化处理设备补贴机具分别119台、85台、10台,较上年分别增加3台、5台,下降1台,购买沼气发电机组、饲料(草)粉碎机、送料机3个新增品目分别为9台、9台、6台。

第三章

"十四五"时期江西现代农业强省建设面临的形势与环境

　　"十四五"时期，江西在现代农业强省建设方面面临着重大机遇和挑战。本章从国家和省内两个层面出发，介绍"十四五"时期江西现代农业发展面临的形势与环境。从国家层面来看，党和国家将乡村振兴上升为国家战略，提出一二三产业融合发展，整顿绿色有机农产品市场，持续推进智慧农业建设，宏观政策环境较好。从省内层面来看，江西农业整体基础建设方面向好，农业政策环境十分有利；在农业转型方面，高标准农田建设取得重大突破，农业品牌日益唱响。总体来看，"十四五"时期江西面临农业发展环境十分优越，可牢牢抓住国家和省内的政策导向，争取在现代农业强省建设方面迈向新台阶。

一、国内形势与环境

（一）乡村振兴上升为国家战略

　　党的十九大报告指出，"三农"问题是关系国计民生的根本性问题，必须始终把解决好"三农"问题作为全党工作的重中之重，实施乡村振兴战略。此后,党中央和国务院出台了多项措施助推乡村振兴战略实施。国务院公布的 2018 年中央一号文件即为《中共中央、国务院关于实施乡村振兴战略的意见》,中央一号文件首次关注乡村振兴。2018 年 3 月 5 日,李克强总理在《政府工作报告》中提出要推动实施乡村振兴战略。2018 年 5 月 31 日召开的中共中央政治局会议,审议通过了《国家乡村振兴战略规划(2018—2022 年)》,为乡村振兴战略的实施进行了总体安排。同年 9 月,中共中央、国务院印发了《乡村振兴战略规划(2018—2022 年)》,对乡村振兴战略实施进行了详细部署。2018 年 9 月 27 日,财政部出台《贯彻落实实施乡村振兴战略的意见》,提出公共财政将更大力度向"三农"倾斜,将统筹各级资金支持乡村振兴战略的实施。确保投入力度不断增强、总量持续增加。2020 年 3 月,农业农村部办公厅印发了《2020 年农业农村绿色发展工作要点》,提出要扎实推进质量兴农、绿色兴农,不断强化绿色发展对乡村振兴的引领。乡村振兴战略从巩固和完善农村基本经营制度和深化农业供给侧结构性改革等方面为现代农业发展指明了方向。

(二) 国家大力扶持一二三产业融合发展

随着现代信息技术、现代交通技术等新型技术在经济社会等方面的渗透,产业融合发展的趋势日益明显。2015 年,《国务院办公厅关于推进农村一二三产业融合发展的指导意见》的发布,标志着国家从农村产业融合方式、农村产业融合主体、利益联结机制、农村产业融合服务和健全农村产业融合推进机制等多个方面支持一二三产业融合,从而拓宽农民增收渠道,加快实现农业质量变革、效率变革和动力变革,构建现代农业产业体系、生产体系和经营体系。

1. 国家密集出台多项政策促进一二三产业融合发展

例如,出台了《关于推进农村一二三产业融合发展的指导意见》《关于支持返乡下乡人员创业创新促进农村一二三产业融合发展的意见》《关于进一步促进农产品加工业发展的意见》。同时还印发了《关于大力发休闲农业的指导意见》，编制了《"十三五"时期全国农产品加工业与农村一二三产业融合发展规划》。这些政策的出台构建了较为完善的一二三产业融合发展政策体系，为我国推进一二三产业融合发展提供了方向。

2. 建设一二三产业融合发展先导区

按推进多主体参与、多要素聚集、多业态发展的要求，构建了一批标准化、集约化、规模化的一二三产业融合发展产业先导区，增强乡村产业发展新动能，示范引领乡村产业振兴。

3. 大力培育融合主体

积极支持大型农业企业拓展经营范围，农产品加工企业向上游的种植业和养殖业延伸，向下游的农产品物流业延伸，实现规模做大做强。以延长产业链、提升价值链为主要目标，加强农业产业来年的主体协同能力，提升产业链融合发展水平。通过支持企业和农户建立紧密的利益连接机制，打造风险共担、利益共享、连接紧密的产业融合发展利益共同体。

（三）对绿色有机农业的重视程度日益提升

国内绿色农产品市场处于起步阶段，人们对绿色农产品的概念还不清晰，对市场上出售的绿色农产品缺乏信任。因此国内绿色有机农产品市场面临着两大困境：一方面，绿色有机农产品需求大，但产品供给不足；另一方面，市场不规范，未能形成良好的绿色有机品牌效益。因此，国家出台多项政策对绿色有机农产品市场整顿，并大力发展绿色农业。

1. 将绿色农业供给侧结构性改革放在突出位置

早在2014年12月，李克强总理就指出：要瞄准市场需求，大力发展绿色农业、特色农业和富硒农业，提升现代农业高质量供给水平。绿色农业是农业供给侧结构性改革的重点内容，2016年12月召开的中央经济工作会议提出，要把增加绿色优质农产品供给放在突出位置。中央农村工作会议确定的2017年农业供给侧结构性改革的五大任务中第二个是促进绿色发展，提出加快建立以绿色生态为导向的农业补贴机制。2017年9月，中共中央办公厅、国务院办公厅印发了《关于创新体制机制推进农业绿色发展的意见》,提出以增强制度供给为着力点,实现绿色农业大发展。2020 年 3 月,农业农村部办公厅印发的《2020 年农业农村绿色发展工作要点》显示,要扎实推进质量兴农、绿色兴农,不断强化绿色发展对乡村振兴的引领。

2. 规范绿色有机农产品市场

2016 年 11 月,《国务院办公厅关于建立统一的绿色产品标准、认证、标识体系的意见》提出,要提升绿色产品供给质量和效率,建立统一的绿色产品标准、认证、标识体系,营造绿色产品发展环境,加强绿色产品宣传推广。2019 年 2 月,农业农村部等七部门联合印发的《国家质量兴农战略规划(2018—2022 年)》提出,要构建农产品追溯标准体系,完善"高度开放、覆盖全国、共享共用、通查通识"的国家农产品质量安全追溯管理信息平台,并与国家重要产品追溯管理平台对接;要健全完善农药、兽药等农业投入品追溯体系;到 2022 年,要建设追溯示范点 28 万个,国家农产品质量安全县域内 80% 的农民专业合作社、农业产业化龙头企业等规模以上主体基本实现农产品可追溯。

3. 设立国家农业绿色发展先行区

2017 年 12 月,农业部、国家发展改革委、科技部、财政部、国土资源部、环境保护部、水利部、国家林业局联合印发《关于启动第一批国家农业可持续发展试验示范区建设 开展农业绿色发展先行先试工作的通知》,公布第一批 40 个国家农业可持续发展试验示范区暨农业绿色发展试点先行区名单,综合考虑各地资源环境承载力、生态类型和农业发展基础条件,围绕以下方面开展先行先试,分别是优化农业主体功能与空间布局、保护与节约利用农业资源、保护与治理产地环境、养护修复农业生态系统和推行绿色生活方式。2019 年 9 月,国家农业农村部公布第二批 41 个国家农业绿色发展先行区名单。其中,江西宜春市入选第一批先行区,江西万载县和泰和县入选第二批先行区。

（四）数字农业和智慧农业建设加快推进

1. 国家提出并发展数字农业建设

党的十八大以来，党中央、国务院高度重视数字农业农村建设，提出实施大数据战略和数字乡村战略、大力推进"互联网＋"现代农业等一系列重大部署安排。2019 年 12 月，农业农村部、中央网络安全和信息化委员会办公室印发《数字农业农村发展规划（2019—2025 年)》，规划对农业农村数据采集体系、天空地一体化观测网络、农业农村基础数据资源体系、农业农村云平台等数字基础设施建设提出了明确的发展目标和要求。农业农村部办公厅印发的《2020 年乡村产业工作要点》指出，要促进互联网、物联网、区块链、人工智能、5G、生物技术等新一代信息技术与农业融合，发展数字农业、智慧农业、信任农业、认养农业、可视农业等业态。

2. 数字技术赋能农业农村发展趋势日益明显

在农业大数据平台建设方面，随着各地区大力推进以 5G 网络为主要内容的信息基础设施建设，智能感知、智能分析、智能控制等数字技术加快向农业农村渗透，农业农村大数据建设不断深化。以农产品质量安全追溯平台、市场监测预警体系、新型农业经营主体信息直报平台、农产品电商平台、农业遥感的大数据服务产品等数字化平台、"互联网＋"农业社会化服务平台等建设也在快速推进。在农村农业数字化发展趋势方面，数字农业农村发展将迎来难得机遇。从国际看，全球新一轮科技革命、产业变革方兴未艾，物联网、智联网、大数据、云计算等新一代信息技术加快应用，世界主要发达国家都将数字农业作为战略重点和优先发展方向，着力构建新一轮产业革命新优势。从国内看，党中央、国务院高度重视网络安全和信息化工作，大力推进数字中国建设，实施数字乡村战略，加快 5G 网络建设进程，为发展数字农业农村提供了有力的政策保障；信息化与新型工业化、城镇化和农业农村现代化同步发展，城乡数字鸿沟加快弥合，数字技术的普惠效应有效释放，为数字农业农村发展提供了强大动力。我国农业面临着加快转变发展方式、优化发展结构、转换增长动力的迫切需求，对数字农业的建设具有较大的需求。

3. 各地区互联网赋能地方传统农业改造成绩卓越

（1）山东："智慧农业大脑"开启现代农业新时代。山东大力推进物联网、云计算、大数据等技术在农业领域的应用，着力打造齐鲁"智慧农业大脑"，已经成为全国智慧农业建设的先行者和示范区。通过实施省级农业大数据应用示范工程、智慧农业应用示范工程、智慧营销工程六大工程，山东着力建设对农业生产环境的智能感知、智能预警、智能决策、智能分析的智慧化农业生产监控体系，为农业生产提供精准化控制、可视化管理、智能化决策。

（2）河南："智慧农业+益农信息社"助推传统农业高效转型。河南的发展模式在全国形成较大的影响，并被央视新闻进行宣传推广。一方面，通过智慧农业体系的传感器和智能设备，操作者可以实时收集环境和生长监测数据，通过风机、卷帘、水肥一体化、自动饲喂机等智能设备进行远程控制操作和监测，实现了农作物生产长势监测与估算、品质监测与预报、肥水诊断与调优，以及农作物苗情、病情、灾情监测分析预警，并远程操作智能设备进行灌溉、施肥和施药。另一方面，益农信息社搭建了通往千家万户、千乡万村、田间地头、坑塘圈舍的线上线下创新型服务网络，赋能农业、农民、农企，推进了农业现代化和智慧化，助推了"乡村振兴"战略实施。

（3）四川：E农通解决农技推广"最后一公里"难题。四川打造的E农通—农技云新型职业农民平台，实现与国家农技云平台无缝对接。E农通—智慧农业云平台是基于移动互联通信网络搭建的现代农业技术推广服务平台，包含通知通告、农技处方、经验交流、专家信息库、信息采集、农技百科、政策商情等功能模块。

（4）江西：整省推进智慧农业"123+N"建设。从2015年开始，江西整省推进以"123+N"为主要建设内容的智慧农业发展，其做法得到农业农村部的肯定和推广。即建设一个数据云——江西农业数据云；两个中心——农业指挥调度中心、12316 资讯服务中心；三个平台——农业物联网平台、农产品质量安全监管追溯平台、农产品电子商务平台；N 个系统——涉及种植业、养殖业及农业综合执法、农业技术服务等子系统。

二、省内形势与环境

（一）农业发展态势持续向好，内部结构不断优化

江西以乡村振兴战略为抓手，立足省情农情，大力推进农业供给侧结构性改革，着力实现现代农业发展提质增效。在现代农业基础设施建设上，江西以完成高标准农田新建任务为重点，同时抓好重大水利工程建设、跨区域农产品流通基础设施建设、省级智慧农业"123＋N"平台建设和空中云水资源开发。一是高标准农田建设取得了较大进展。江西省委、省政府出台《关于切实加强高标准农田建设巩固粮食主产区的实施意见》，全方位保障高标准农田建设顺利推进。二是农田水利设施建设持续推进。四方井水利枢纽和花桥水库建设加快，大中型灌区续建配套与节水改造持续推进，病险水库水闸除险加固等工程继续实施。三是跨区域农产品流通基础设施建设加快。以发展开放型经济为导向，农产品冷链物流统筹规划、分级布局、标准制定等方面建设取得了较大的进展。四是省级智慧农业"123＋N"平台建设步伐加快。以12316 综合信息服务平台为主体，农业农村基础大数据汇集和共享逐步推进。数字农业建设取得积极进展。

在产业结构调整上，江西坚持特色化、标准化、绿色化为导向，通过深入实施"生态鄱阳湖、绿色农产品"品牌战略，大力实施农业结构调整"1＋9"行动计划和林下经济发展行动计划，培育了5107 家、产值超5556 亿元的规模以上农业龙头。同时大力拓展农业经营领域，培育休闲农业规

模经营企业 12137 家,农家乐经营户 1.31 万户,全省休闲农业和乡村旅游年产值超过 900 亿元。

在促进产业融合方面,江西拓展农业的多样化功能,充分挖掘农业农村资源的价值优势,不断延伸农业产业链和价值链。一是培育融合主体,共培育了 163 家"龙头企业十合作社 + 家庭农场"农业产业化联合体;培育了新型职业农民 13.8 万人、农民合作社 7 万家、家庭农场 3.9 万个;培养了"一村一名"大学生 4.7 万人,其中的 37.1% 成为村"两委"干部,42.5% 在农村创新创业。二是搭建融合平台,全面提速"百县百园"工程建设,创建国家现代农业产业园 2 个,省级现代农业示范园 233 个;启动实施农产品加工提升工程,农产品加工业与农业产值比提高至 2.3∶1。三是聚焦融合业态,成功举办首届中国农民丰收节江西活动,休闲农业和乡村旅游总产值 931 亿元,占全国的比重超一成;智慧农业"123 + N"建设保持全国领先,PP 项目取得实质性突破;信息进村入户工程有序推进,建成农产品运营中心 102 家、益农信息社 8000 家,"赣农宝"上线品种达3500 余种。

在生态农业发展方面,江西以打造"全国绿色有机农产品示范基地试点省"建设为目标,加快推动现代农业发展方式向绿色化方向转变。由农业大省向现代农业强省跨越,必须扎实推进质量兴农、绿色兴农、品牌强农,让绿色生态成为江西现代农业的名片。因此江西全力打好农业面源污染攻坚战,推动化肥农药"负增长"行动实施,主要农产品监测合格率达到 98.5%;畜禽粪污综合利用率 77%,规模场粪污处理利用设施配套率83.4%;141.1 万亩湖泊水库退出集约化养殖。截至 2019 年底,江西"三品一标"认证总数达到了 5079 个,远高于河南的 4679 个、湖北的 4137个、湖南的 3672 个、山西的 380 个。

(二)农业政策多措并举,建设目标持续推进

1. 定下实现"江西农业总产值过万亿元"总目标

按照党中央、国务院和江西十四届十次全会的部署要求,围绕这个总

目标，不断提高农业综合效益和竞争力，与国家层面要求的农业"六化"创新契合，走出一条集约高效、环境友好的农业现代化道路，推进江西农业高质量跨越式发展，加快由农业大省向现代农业强省迈进。在此情况下，江西将持续实施农业结构调整九大工程（优质稻米产业发展工程、蔬菜产业发展工程、果业发展工程、茶产业发展工程、中药材产业发展工程、草地畜牧业发展工程、水产业发展工程、休闲农业和乡村旅游发展工程、油茶产业发展工程）和实施农产品加工业发展七大行动（重大项目引进行动、龙头企业培育行动、企业转型升级行动、原料基地建设行动、科技创新引领行动、流通体系建设提升行动和质量品牌创建行动）。

2. 推进绿色生态农业"十大行动"

绿色生态农业"十大行动"主要包括绿色生态产业标准化建设、"三品一标"农产品推进、绿色生态品牌建设、化肥"零增长"、农药"零增长"、养殖污染防治、农田残膜污染治理、耕地重金属污染修复、秸秆综合利用、农业资源保护十个方面。在提升优势特色产业比重方面，努力把江西打造成全国知名的绿色有机农产品供应示范基地：支持家禽、牛羊等生产，推进水产绿色健康养殖；因地制宜地推动"优势农产品＋富硒"，集中连片建设富硒产业基地，培育"赣西富硒区、赣南富硒区、环鄱阳湖富硒区"三大产业板块；发展油茶、竹子、森林药材、香精香料、苗木花卉、森林旅游等林下经济。在推广绿色生产技术和循环农业模式方面，加强绿色食品、有机农产品、地理标志农产品认证和管理，强化全过程农产品质量安全和食品安全监管，建立健全追溯体系，试行食用农产品合格证制度，提升检验检测机构检测服务能力和运行管理水平，探索引入第三方检测机构。

3. 实施农业九大产业发展标准化提升工程

九大产业发展标准化提升工程致力于实现在稻米、蔬菜、果业、畜牧业、水产、休闲农业、乡村旅游、茶叶、中药材和油茶九大农业领域的标准体系基本覆盖，为农产品质量提升和品质保障奠定坚实的基础。通过建设一批农业标准化示范区项目，实施农业标准化区域服务与推广行动，加强相关制度假设,促进区域农业产业质量水平整体跃升。加强农业产业标准化人才培养,为标准助力农业产业现代化和农产品质量提升提供源源不断的动力支持。

(三)"生态鄱阳湖·绿色农产品"品牌影响力持续扩大

江西作为农业大省,有丰富的农业资源,是全国重要的粮食基地,初步形成了大米、生猪、水产、水禽、茶叶、柑橘、油茶、毛竹、中药材、商品蔬菜十个主导产业。要建设现代农业强省,就要把江西农业资源打造成一张推向全国乃至世界的"亮丽名片"。江西在打造"生态鄱阳湖·绿色农产品"品牌方面分别做了如下举措:

1. 瞄好市场靶,调优调顺农业结构

立足向特色优势要竞争力、向市场要空间,实施农业结构调整行动计划,逐步形成以脐橙、蔬菜、油茶等产业为主导,其他优势特色产业为补充的发展格局。

(1)加快脐橙产业发展升级。坚持一手抓发展,一手抓防控,着力稳面积、增产量、提品质、拓市场、扬品牌、控发病。脐橙种植面积156万亩、产量116万吨,均居全国第一。赣南脐橙以601.13亿元的品牌价值稳居同类农产品榜首,入选首批中国特色农产品优势区。

(2)加快蔬菜产业扬优成势。江西把蔬菜作为农业调结构的主方向,坚持高起点、高标准,走品质高端、高技术高装备、组织化、大市场的发展路子。聘请6名全国知名专家担任顾问,出台"1+N"(《蔬菜产业发展规划》+N个政策)系列配套支持措施。累计建成规模蔬菜基地面积24.67万亩,其中钢架大棚面积13.75万亩。搭建"1+3"(生产基地+三级市场网络)蔬菜产业销售体系,与深圳、广州、香港等地建立长期合作和直供平台。依托赣州港等口岸平台,推动中欧蔬菜班列走向常态化。

(3)加快油茶产业改造提升。注重生态开发、适度规模,建设油茶良种、高产种植与加工基地。赣南茶油成为地理标志证明商标,获批筹建国家茶油产品质量监督检验中心。此外,因地制宜地培育生猪、黄鸡、茶叶、白莲等特色产业，促进规模化、集约化、标准化发展。

2. 加强农产品品牌创建和营销，唱响"生态鄱阳湖·绿色农产品"品牌

2017 年，江西成功举办了"建设全国知名绿色有机农产品示范基地战略峰会"，10 个农产品品牌入选"2017 年最受消费者喜爱的中国农产品区域公用品牌"，占全国总数的 10%。农业农村部公示的"2018 第二批国家地理标志保护农产品"，江西入选五个，包括东乡萝卜、铜鼓黄精、铜鼓宁红茶、武功山石斑鱼、峡江水牛；2019 年江西举办"第十七届中国国际农产品交易会"和"首届江西'生态鄱阳湖·绿色农产品'博览会"，作为唯一的全国绿色有机农产品示范基地试点省，江西省农业农村厅组织制订了全省品牌发展总体方案，评选并发布了全省农产品"十大区域公用品牌"和"50 强企业品牌"，这些产品都在展会上集中进行亮相，让世界共享江西绿色生态农业发展成果。

3. 创新品牌发展模式

近年来，江西启动了全省农产品区域品牌整合工作，支持"区域公用品牌＋企业自主品牌"发展模式，精心打造"四绿一红"五大茶叶品牌，并推动"鄱阳湖水产"品牌和"江西地方鸡"品牌建设进一步加强，江西农业品牌的市场影响力和竞争力不断提高。赣南脐橙、奉新猕猴桃、抚州西瓜先后荣获全国名优果品区域公用品牌称号，鄱阳湖水产品荣获全国最具影响力水产品区域公用品牌称号。赣南脐橙、南丰蜜橘、广丰马家柚、庐山云雾茶、宁红茶、广昌白莲等 10 个农产品区域公用品牌，跻身"2017 最受消费者喜爱的中国农产品区域公用品牌"100 强。婺源绿茶、崇仁麻鸡入选"中国特色农产品优势区"，赣南脐橙、庐山云雾茶等区域品牌跨入"2018 中国品牌价值百强榜"行列，宁红茶被认定为第十八届亚运会官方唯一指定用茶，"生态鄱阳湖、绿色农产品"品牌效应和影响力日益显现。

（四）农业与旅游融合发展的态势日益浓厚

1. 农业与旅游融合符合江西省情

据统计，江西有 80% 以上的旅游资源集中在乡村，有 125 个中国传统村落、116 个省级以上历史文化名村名镇等。近年来，江西休闲农业和乡村旅游已成为推动农业农村改革、农业结构调整的重要动力。

2018 年 11 月，江西省人民政府印发了《关于加快农业结构调整的行动计划》，提出要通过实施九大工程促进现代农业结构调整。作为江西农业结构调整九大重点工程之一的休闲农业和乡村旅游产业，致力于培育一批产业特色鲜明、融合发展效益明显的田园综合体，壮大一批示范带动能力强的休闲农业和乡村旅游龙头企业和新型农业经营主体，打造一批在全国叫得响的休闲农业和乡村旅游示范基地和品牌企业。其重点是构建赣北现代休闲农业示范区、赣东北景观农业度假区、赣西绿色生态农业养生区、赣中乡村耕读文化探秘区、赣南客家民俗风情体验区五大功能片区和环鄱阳湖滨水休闲农业游憩带。

2. 江西休闲农业和乡村旅游发展蒸蒸日上

农业部认定的 388 个全国休闲农业和乡村旅游示范县（市、区）中，江西共有 16 个地区入选，分别是永修县、南丰县、崇义县、吉安市青原区、宜春市袁州区、赣县、南昌县、上犹县、浮梁县、安义县、靖安县、石城县、武宁县、井冈山市、新余市渝水区和婺源县，占全国比重的 4.12%。在农业部每年认定的中国美丽休闲乡村中，江西入选比例均居全国前列，2016~2019 年全国共推介 710 个村（见表 3-1），其中 2016~2018 年全国每年分别推介 150 个村，2019 年共推介 260 个村，江西被推介地区总占比为 3.94%。2019 年 7 月（见表 3-2）文化和旅游部公布了第一批全国乡村旅游重点村名单，共入选的 320 个村庄中江西占 12 个，占全国比重 3.75%。2019 年，江西省规模以上休闲农业企业总数达 5000 家，农家乐经营户达 2.43 万户；年接待游客逾 7000 万人次，休闲农业从业人员超过 110 万人，带动农民就业人数 96 万余人，休闲农业和乡村旅游总产值 945 亿元左右。

表 3 - 1　2016～2019 年江西入选的中国美丽休闲乡村

年份	序号	地区	年份	序号	地区
2016	1	大余县大龙村	2018	15	安义县罗田村
	2	泰和县蜀口村		16	新余市仙女湖区彩色村
	3	共青城市双桥村		17	九江市柴桑区毛桥村
	4	武宁县长水村		18	芦溪县东阳村
	5	高安市贾家古村		19	大余县元龙畲族村
	6	进贤县太平村	2019	20	宜春市宜丰县黄岗山垦殖场炎岭村
	7	崇义县水南村		21	南昌市湾里区太平镇合水分场
	8	武宁县南屏村		22	景德镇市珠山区竟成镇三宝马鞍岭白然村
2017	9	井冈山市神山村		23	吉安市青原区文陂镇渼陂村
	10	广昌县姚西村		24	赣州市赣县区田村镇坪内村
	11	萍乡市安源区红旗分场		25	江西省修水县杭口镇双井村
	12	新余市渝水区下保村		26	新余市分宜县钤山镇金鸡布村
	13	南昌市新建区石咀村		27	赣州市赣县区韩坊镇樟坑村
	14	婺源县延村		28	吉安市万安县高陂镇田北画村

表 3 - 2　江西入选的第一批全国乡村旅游重点村

序号	地区	序号	地区
1	上饶市婺源县江湾镇栗木坑村	7	抚州市资溪县乌石镇新月村
2	赣州市大余县黄龙镇大龙村	8	赣州市龙南县临塘乡东坑村
3	上饶市婺源县赋春镇源头村	9	鹰潭市余江区杨溪乡琯溪村
4	吉安市井冈山市大陇镇大陇村	10	九江市永修县柘林镇易家河村
5	新余市仙女湖风景名胜区仰天岗办事处孝头村	11	吉安市井冈山市厦坪镇菖蒲村
6	宜春市靖安县中源乡三坪村	12	南昌市南昌县黄马乡凤凰村

第四章

江西现代农业区域竞争力
评价和障碍因子诊断

现代农业发展重点基地选择和制约因素分析是探寻江西"十四五"时期现代农业强省建设重点领域选择的主要方面，也对提出促进江西现代农业发展的空间布局和主要任务具有重要的参考意义。前文研究分析了"十三五"时期江西进行现代农业强省建设的主要经验和举措以及"十四五"时期现代农业强省建设的环境和形势，为"十四五"时期江西现代农业强省建设提供了重要的经验借鉴和宏观指导。但江西现代农业强省建设的空间格局如何？如何采用科学的方法进行定量描述？本章将通过构建现代农业综合竞争力评价指标体系，结合以上研究内容，借助定量分析和定性分析手段对江西现代农业区域竞争力和障碍因素进行分析。

在定量分析方面，基于江西11个地级市2018年农业发展数据，使用熵值法和障碍因子诊断等方法，主要从区域现代农业综合竞争力评价以及障碍因素分析两个方面展开，确定"十四五"时期江西现代农业强省建设的重点领域，为"十四五"时期江西现代农业强省建设的空间布局和主要任务确定提供重要参考。具体而言，构建现代农业综合竞争力评价指标体系，使用熵值法对指标赋予客观权重，对江西11个地级市现代农业综合竞争力进行测度，根据综合竞争力的大小，确定"十四五"时期江西现代农业强省建设的重点基地。进一步采用障碍因子诊断法对江西11个地级市现代农业综合竞争力的障碍因素进行诊断，从而确定制约"十四五"时期江西现代农业强省建设的主要因素，为现代农业强省建设的主要任务和实施思路构建提供重要参考。就定性分析而言，在定量分析的基础上，结合江西发展实际对定量分析结果进行调整，使分析更加契合江西发展的实际。

综上可知，本章包含四项主要内容，依次为现代农业综合竞争力评价指标体系构建、综合评价方法选择和数据来源、现代农业综合竞争力评价以及现代农业强省建设障碍因素分析。通过四个部分的分析，可从现代农业发展重点基地和主要制约因素两个方面对"十四五"时期江西现代农业强省建设的空间布局和主要任务提供参考。本章结构如图 4-1 所示。

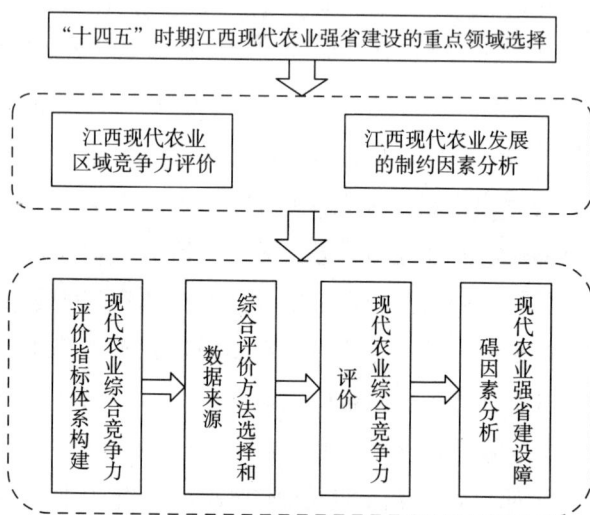

图 4-1 江西现代农业强省建设的重点领域选择

一、现代农业综合竞争力评价指标体系构建

自 1994 年山东首次提出现代农业强省建设以来，许多省份陆续明确提出现代农业强省建设。从国内有关研究来看，许多学者（孟枫平，

1999；杨少华和侯方高，2001；康艺之和万忠等，2010）结合安徽、黑龙江、山东、广东等省份的实际，尝试建立现代农业强省评价指标体系。

参考已有研究成果，结合江西发展实际，我们认为"十四五"时期江西现代农业强省建设要求现代农业发展要具备良好的经济效益、社会效益和生态效益。遵循指标体系建立的系统性、科学性、简明性、可操作性等原则，构建江西现代农业强省建设综合评价指标体系（见表 4-1）。指标体系包含产量、安全、效益和协调 4 个一级指标以及农林牧渔业总产值、主要经济作物总产量等 28 个二级指标。

表 4-1　现代农业综合竞争力评价指标体系

一级指标	二级指标	代码	指标单位	指标属性	指标权重
产量	农林牧渔业总产值	A1	万元	正向	0.0474
	主要经济作物总产量	A2	吨	正向	0.0341
	主要经济作物单产水平	A3	千克/公顷	正向	0.0293
	水产品总产量	A4	吨	正向	0.0499
安全	水资源总量	B1	亿立方米	正向	0.0463
	有效灌溉面积	B2	千公顷	正向	0.0570
	农用化肥施用量（折纯量）	B3	吨	负向	0.0001
	农药使用量	B4	吨	负向	0.0354
	工业废水排放量	B5	万吨	负向	0.0240
	工业废气排放量	B6	亿立方米	负向	0.0355
	一般工业固体废物产生量	B7	万吨	负向	0.0206
效益	农林牧渔业商品产值	C1	万元	正向	0.0501
	农林牧渔业商品率	C2	%	正向	0.0405
	农林牧渔业中间消耗占农林牧渔业总产值比重	C3	%	负向	0.0399
	劳均农林牧渔业总产值	C4	元/人	正向	0.0372
	劳均农林牧渔业增加值	C5	元/人	正向	0.0409
	劳均农林牧渔业商品产值	C6	元/人	正向	0.0334
	农村居民人均可支配收入	C7	元/人	正向	0.0278

一级指标	二级指标	代码	指标单位	指标属性	指标权重
协调	城乡居民可支配收入之比	D1	—	负向	0.0236
	城乡居民消费支出之比	D2	—	负向	0.0271
	城市化率	D3	%	正向	0.0556
	农林水事务公共预算支出	D4	万元	正向	0.0422
	第一产业固定资产投资占全省相应固定资产总投资比重	D5	%	正向	0.0338
	第一产业社会就业人口占总人口比重	D6	%	负向	0.0254
	农业服务业产值占农林牧渔业总产值比重	D7	%	正向	0.0304
	粮食作物总产值占农林牧渔业总产值比重	D8	%	负向	0.0506
	村均用电量	D9	万千瓦时/个	正向	0.0371
	农村贫困人口数量	D10	人	负向	0.0249

（一）产量方面

高产一直是农业追求的目标，是现代农业强省建设的主要目标。产量可以从价值量、实物量、总量和单产量等方面进行衡量，因此，选取农林牧渔总产值主要经济作物总产量、主要经济作物单产水平和水产品总产量3个指标对产量进行科学评价。鉴于农业类型的差异，还分别考虑了主要经济作物和水产品的总量水平，使指标体系更具全面性、科学性。

（二）安全方面

粮食安全一直是我国农业发展的主要战略目标，江西现代农业强省建设必须要考虑粮食安全问题。高产、稳产是保障粮食安全的重要保障，灌溉和高标准基本农田是实现粮食高产、稳产的重要条件，而我国农业生产中灌溉缺水和农田环境污染等问题较为突出，所以江西现代农业强省建设应该重点关注灌溉和农田环境污染等突出的农业安全问题。故将从水资源总量和有效灌溉面积衡量农业生产中的灌溉安全问题。考虑到农业化肥、农药以及工业发展会对农田环境造成污染，所以将从农用化肥施用量（折纯量）、农药使用量、工业废水排放量、工业废气排放量和一般工业固体废物产生量等方面对农田环境污染进行测度。

（三）效益方面

高效既是现代农业发展的必然趋势，也是现代农业强省建设的重要目标。较高的收益也是现代农业可持续发展的重要条件。因此，可从投入产出效率、农业商品化以及农民收益等方面衡量现代农业发展效益。具体而言，考虑到资本和劳动是农业投入的重要方面，从农林牧渔业中间消耗占农林牧渔业总产值比重、劳均农林牧渔业总产值、劳均农林牧渔业增加值和劳均农林牧渔业商品产值衡量农业的投入产出效率。从农林牧渔业商品产值、农林牧渔业商品率和农村居民人均可支配收入等方面衡量农业发展的收益水平。

（四）协调方面

农业、农村、农民是统一的整体，现代农业发展必须重视与农业、农村、农民密切相关的结构与比例关系，这是现代农业强省建设的重要目标。具体而言，现代农业发展中要考虑城乡协调、农业、农村和农民间的协调、第一产业、第二产业和第三产业间的协调以及农业内部的协调等重要比例关系。因此，分别从城乡居民可支配收入之比、城乡居民消费支出之比、城市化率和农林水事务公共预算支出来衡量城乡协调关系，从第一产业固定资产投资占全省相应固定资产总投资比重和第一产业社会就业人口占总人口比重两个方面衡量第一产业、第二产业和第三产业间的协调关系，从农业服务业产值占农林牧渔业总产值比重和粮食作物总产值占农林牧渔业总产值比重来衡量农业内部的比例关系，从村均用电量和农村贫困人口数量等方面衡量农业、农村和农民间的协调关系。

二、综合评价方法和数据来源

现代农业综合竞争力评价指标体系是进行现代农业综合竞争力评价的基础。在此基础上，还需要选择合适的评价方法。熵值法可以对指标进行客观赋权，进而对江西 11 个地级市的现代农业综合竞争力进行客观评价，从而根据综合竞争力的大小选择"十四五"时期江西现代农业强省建设的重点基地。障碍因子诊断模型可以进一步分析制约区域现代农业综合竞争力提升的障碍因素，进而寻找制约"十四五"时期江西现代农业强省建设的主要障碍因素。因此，本书将基于熵值法和障碍因子诊断模型对江西现代农业强省建设的重点领域进行选择和分析。

（一）研究方法

1. 熵值法

为了使指标权重更具客观性，采用熵值法对现代农业综合竞争力评价指标体系中的各指标进行赋权。熵值法根据指标的熵值来确定权重的大小，而指标的熵值与其无序程度和包含的信息量密切相关，熵值与权重成反比。

现代农业综合竞争力评价指标体系中有 11 个样本，28 个评价指标，则 x_{ij} （ $i=1$ ，2，…，11，$j=1$ ，2，…，28）表示第 i 个样本的第 j 个评价指标的属性值。熵值法赋权的具体运算步骤如下：

（1）构建矩阵。设建立的评价矩阵为 $X=(x_{ij})_{m \times n}$。

（2）属性值标准化。对于正向指标，即该指标越大越优，采用式（4-1）处理，对于逆向指标，即该指标越小越优，采用式（4-2）处理，具体公式如下：

$$y_{ij} = \frac{x_{ij} - \min x_{ij}}{\max x_{ij} - \min x_{ij}} + 1 \qquad (4-1)$$

$$y_{ij} = \frac{\max x_{ij} - x_{ij}}{\max x_{ij} - \min x_{ij}} + 1 \qquad (4-2)$$

其中，$\max x_{ij}$ 为 x_{ij} 的最大值，$\min x_{ij}$ 为 x_{ij} 的最小值。需要指出的是式（4-1）和式（4-2）中分别加 1 对标准化后的值进行了平移，这样处理是为了使标准化后的值均为正值，以便后续步骤中取自然对数有意义。经过标准化和平移处理得到标准化矩阵 $Y = (y_{ij})_{m \times n}$。

（3）属性值归一化。在步骤（2）中得到的标准化矩阵 $Y = (y_{ij})_{m \times n}$ 的基础上，使用式（4-3）对 25 个指标进行归一化处理。

$$p_{ij} = \frac{y_{ij}}{\sum\limits_{i=1}^{m} y_{ij}} \qquad (4-3)$$

（4）计算熵值。

$$e_j = -k \sum_{i=1}^{m} p_{ij} \ln p_{ij}, \ k = \frac{1}{\ln m} \qquad (4-4)$$

（5）确定权重。

$$W_j = \frac{1 - e_j}{\sum\limits_{j=1}^{n} 1 - e_j} \qquad (4-5)$$

2. 基于熵值法的障碍因子诊断模型

障碍因子诊断模型可以从定量的角度揭示制约事物发展的主要障碍因素，通过使用如式（4-6）所示的障碍因子诊断模型可以对"十四五"时期江西现代农业强省建设的主要障碍因素进行精准识别。确定指标贡献度和偏离度是计算指标障碍度的基础。指标贡献度的含义是各个评价指标对现代农业综合竞争力的贡献度，由于通过熵值法计算的指标权重就代表了各个评价指标对现代农业综合竞争力的贡献度，所以本书的指标贡献度为根据熵值法求得的指标权重 W_j。指标偏离度表示各属性值与最优目标值之间的差距，在式（4-6）中用 P_{ij} 表示，在对原始数据标准化处理的基础上，通过 2 减去各指标标准化值 y_{ij} 来计算指标偏离度。式（4-6）中的 I_j

表示各评价指标对现代农业综合竞争力提升的障碍度。

$$I_j = \frac{P_{ij}W_j}{\sum\limits_{j=1}^{n} P_{ij}W_j} \times 100\% \qquad\qquad (4-6)$$

（二）数据来源

基于熵值法和障碍因子诊断模型对江西 11 个地级市 2018 年的现代农业综合竞争力和制约因素进行分析，进而为"十四五"时期江西现代农业强省建设的重要领域选择提供参考。研究数据均源自 2019 年的《江西统计年鉴》。研究所使用的原始数据和标准化数据参见附录。

三、江西现代农业竞争力综合评价

基于市域层面的现代农业综合竞争力评价既是"十四五"时期江西现代农业强省建设重点领域选择的重要方面，也是"十四五"时期江西现代农业强省建设空间布局的重要参考。根据所构建的现代农业综合竞争力评价指标体系，将从产量、安全、效益和协调以及综合竞争力等方面对江西11 个地级市 2018 年的现代农业综合竞争力进行评价。评价方法为熵值法。限于篇幅，熵值法的计算过程未列出，只对综合评价结果进行展示和分析。

通过采用熵值法赋权可知，如表 4-1 所示，4 个一级指标的权重如下：产量为 0.1606、安全为 0.2188、效益为 0.2698 以及协调为 0.3507。赋权结果表明，协调因素对江西现代农业综合竞争力的影响最大。具体来看，城乡协调对综合竞争力的影响最大，为 0.1486，农业内部的协调也对综合竞争力有较大影响，为 0.0810，农业、农村和农民内部的协调对综合竞争力的影响较小，为 0.0620，第一产业、第二产业和第三产业之间的协调对综合竞争力的影响最小，为0.0592。这说明进一步增强现代农业发展的协调性特别是城乡协调对江西现代农业强省建设具有重要的参考价值。一级指标中的效益也具有较大的权重，说明现代农业效益对其综合竞争力具有较大的影响。具体而言，农业效率对其竞争力有较大影响，其权重为0.1515，而收益对其综合竞争力影响较小，为0.1184。这说明效率不高依然是制约现代农业发展的重要因素，提质增效是现代农业强省建设的重要任务。安全对江西现代农业综合竞争力的影响较小，但环境污染依然对现代农业综合竞争力具有较大的影响。这表明农业安全问题并不突出，但农业生态环境还需要进一步提升。产量对江西现代农业综合竞争力的影响最小，但水产品总产量对现代农业综合竞争力的影响较大。这表明江西现代农业正在经历由追求量到追求质的转变。

在产量竞争力方面，如表4-2所示，赣州在现代农业产量方面具有最高的竞争力，而新余的竞争力最差。在安全竞争力方面，赣州依然具有最高的竞争力，而九江的竞争力最差。值得注意的是，安全竞争力方面存在较为明显的区域分异特征，即安全竞争力较高的区域主要集中于赣州、吉安和抚州等江西南部地区，而南昌、九江和景德镇等北部地区的安全竞争力较小。之所以呈现出这样的空间分布格局主要是因为这些区域的工业污染较少，农业生态环境更优。相比之下，在农业产量竞争力方面并不存在明显的空间分异规律。在效益竞争力方面，南昌的农业效益竞争力最强，而萍乡的竞争力最弱。与安全竞争力类似，效益竞争力也存在较为明显的空间分异规律，但分布格局与安全竞争力相反，即农业效益竞争力较高的区域主要集中在南昌、景德镇和鹰潭等江西北部地区。呈现这种空间分布格局的主要原因是南昌、景德镇和鹰潭等地区的基础设施较为完善，为提升农业生产效益奠定了坚实的基础。在协调竞争力方面，南昌依然具有最高的竞争力，而赣州的竞争力最差。在综合竞争力方面，南昌的农业综合竞争力最高，而萍乡的综合竞争力最差。值得进一步探讨的是赣州的综合竞争力并不高，造成其综合竞争力下降的主要原因就是其在现代农业发展的效益和协调方面表现较差。实际上现代农业发展的效益和协调性对其综合竞争力均具有较大的影响，说明"十四五"时期江西现代农业强省建设的主要任务就是提质增效，即现阶段制约江西由农业大省转换为现代农业强省的主要方面并不是量，而在于质。

表4-2　2018年江西各地级市现代农业竞争力综合评价结果

市域	产量	市域	安全	市域	效益	市域	协调	市域	综合竞争力
赣州市	0.2927	赣州市	0.3836	南昌市	0.4824	南昌市	0.5617	南昌市	1.6440
宜春市	0.2758	吉安市	0.3789	景德镇市	0.4550	宜春市	0.5533	宜春市	1.5710
上饶市	0.2756	抚州市	0.3678	鹰潭市	0.4187	新余市	0.5430	上饶市	1.5626
南昌市	0.2607	宜春市	0.3593	抚州市	0.4156	上饶市	0.5397	吉安市	1.5409
吉安市	0.2561	上饶市	0.3468	吉安市	0.4072	鹰潭市	0.5284	抚州市	1.5319
抚州市	0.2502	南昌市	0.3392	上饶市	0.4005	景德镇市	0.5217	景德镇市	1.5037
九江市	0.2453	景德镇市	0.3369	宜春市	0.3826	萍乡市	0.5197	赣州市	1.4737
景德镇市	0.1902	鹰潭市	0.3368	新余市	0.3820	九江市	0.5017	鹰潭市	1.4694
鹰潭市	0.1855	新余市	0.3108	九江市	0.3695	吉安市	0.4987	九江市	1.4177
萍乡市	0.1733	萍乡市	0.3059	赣州市	0.3649	抚州市	0.4984	新余市	1.3993
新余市	0.1635	九江市	0.3013	萍乡市	0.3544	赣州市	0.4324	萍乡市	1.3533

注：按竞争力进行排名。

　　通过以上分析可知，江西11个地级市的现代农业综合竞争力存在显著的空间异质性特征，这为区域现代农业发展重点基地划分提供了重要的参考依据，即南昌、宜春、上饶和吉安等现代农业综合竞争力较强的区域可以成为"十四五"时期江西现代农业强省建设的重点基地。虽然赣州的综合竞争能力较差，但具有部分优势，而且其在江西脱贫攻坚和对外开放中占有重要地位，因此，赣州也可以作为"十四五"时期江西现代农业强省建设的重点基地进行建设和扶持。

四、江西现代农业综合竞争力障碍因子诊断

以上内容基于熵值法对 2018 年江西 11 个地级市的现代农业综合竞争力进行了评价，并对"十四五"时期江西现代农业强省建设的重点基地进行了选择。然而并未从定量的角度指出如何对这些基地进行建设和扶持。以下将借助障碍因子诊断模型精准识别制约江西现代农业综合竞争力提升的主要障碍因素，从而为"十四五"时期江西现代农业强省建设的重点切入领域选择提供参考。

如表 4 - 3 所示，对于南昌、赣州、吉安、宜春和上饶等"十四五"时期江西现代农业强省建设的重点基地而言，其在产量方面的障碍度较小，其障碍因素主要集中于安全方面，其中赣州在产量和安全方面均不存在障碍因素。这说明上文中选取的重点基地具有较好的农业基础，进一步印证了上文分析的合理性；还说明了推进重点基地建设需要扩大农业安全方面的投入。对于南昌而言，要加强农业水利设施的建设；对于宜春而言，要减少工业废气的排放。而上饶需要合理控制农药的使用；而对于非重点建设基地，在提升农业产量的同时提升农业安全性。

在效益障碍因素方面，如表 4 - 4 所示，对于南昌、赣州、吉安、宜春和上饶等"十四五"时期江西现代农业强省建设的重点基地而言，其在现代农业效率方面存在较大的障碍度，而在农业收益方面的障碍度较小。这说明农业效率才是推动重点基地建设的主攻方向。与此相反，非重点建设基地的障碍因素主要集中在农业收益方面。需要指出的是非重点建设基地的障碍度在农业收益方面较高，并不代表其在农业效率方面不存在发展障碍，只不过由于和重点建设基地发展阶段不同，其在农业效率方面的发展障碍还未充分显现。

表 4 - 3　2018 年江西各地级市现代农业综合竞争力产量和安全障碍因子分布

单位：%

市域	农林牧渔业总产值	水产品总产量	水资源总量	有效灌溉面积	农药使用量	工业废气排放量
南昌市			**10.1901**	**7.2917**		
景德镇市	9.4090	10.0461		11.0975		
萍乡市	7.2629	7.5352		8.8104		
九江市						6.0896
新余市	7.7888	7.9299	7.7045	9.0639		
鹰潭市	8.9396	9.0043	8.2444	10.3404		
赣州市						
吉安市		**6.5040**				
宜春市						**7.2783**
抚州市		7.7159				
上饶市					**8.0828**	

注：加粗的为"十四五"时期江西现代农业强省建设的重点基地；表中只列出了障碍度排名前五的障碍因子。

表 4 - 4　2018 年江西各地级市现代农业综合竞争力效益障碍因子分布

单位：%

市域	农林牧渔业商品产值	农林牧渔业商品率	农林牧渔业中间消耗占农林牧渔业总产值的比重	劳均农林牧渔业总产值	劳均农林牧渔业增加值	劳均农林牧渔业商品产值
南昌市			**7.9366**			
景德镇市	9.5462					
萍乡市	7.6664					
九江市		5.5585			5.1908	
新余市	8.1015					
鹰潭市	9.4487					

市域	农林牧渔业商品产值	农林牧渔业商品率	农林牧渔业中间消耗占农林牧渔业总产值的比重	劳均农林牧渔业总产值	劳均农林牧渔业增加值	劳均农林牧渔业商品产值
赣州市				7.0771	7.7758	6.3494
吉安市			8.1667		7.0102	
宜春市			9.3015		6.4162	
抚州市					6.0057	
上饶市				7.7800	8.4363	6.2392

注：加粗的为"十四五"时期江西现代农业强省建设的重点基地；表中只列出了障碍度排名前五的障碍因子。

如表4-5所示，在现代农业协调发展方面，无论是重点建设基地还是非重点建设基地，大部分地级市在城乡协调、第一产业、第二产业和第三产业之间协调、农业内部协调以及农业、农村和农民之间协调方面均存在不同程度的障碍度。有超过一半的地级市在城市化率方面存在较大的障碍度，表明江西的城市化进程还需要进一步推进。城市化不仅成为了促进城乡协调发展的重要抓手，还提升现代农业综合竞争力，进而现代农业强省建设的主攻方向。

综上可知，"十四五"时期推进江西现代农业强省建设的制约因素存在明显的区域异质性特征。对于南昌、赣州、吉安、宜春和上饶等"十四五"时期江西现代农业强省建设的重点基地而言，农业安全、农业效率和协调是其发展的主要制约因素，而对于其他的非重点建设基地而言，农产品产量、农业收益以及协调才是其发展的主要制约因素。因此，因地制宜地采取差异化的区域农业发展政策是促进"十四五"时期江西现代农业强省建设的重要策略。

本章基于2018年江西11个地级市的农业发展数据，借助熵值法和障碍因子诊断模型等方法对江西11个地级市的现代农业综合竞争力和障碍因素进行了评价和分析，并从现代农业强省建设的重点基地和综合竞争力

表4-5　2018年江西各地级市现代农业综合竞争力协调障碍因子分布

单位:%

市域	城乡居民消费支出之比	城市化率	第一产业社会就业总人口占比	农业服务业产值占农林牧渔业总产值的比重	粮食作物总产值占农林牧渔业总产值比重	村均用电量
南昌市	**7.6233**				**10.3749**	
景德镇市					9.0589	
萍乡市					7.8213	
九江市		7.3761			6.6186	
新余市						
鹰潭市						
赣州市		**10.3037**			**9.0765**	
吉安市		**11.4866**				**8.0901**
宜春市		**12.9622**		**6.9395**		
抚州市		11.8178	5.4183			7.7792
上饶市		**11.5273**				

注:加粗的为"十四五"时期江西现代农业强省建设的重点基地;表中只列出了障碍度排名前五的障碍因子。

主要制约因素两个角度分析了"十四五"时期江西现代农业强省建设的重点领域。在现代农业强省建设的重点基地方面,应将南昌、赣州、吉安、宜春和上饶列为重点建设基地。在综合竞争力主要制约因素方面区域间具有差异性,应在推动乡协调、第一产业、第二产业和第三产业之间、农业内部以及农业、农村和农民等各方面协调发展的基础上,各地区采取差异化的重点突破领域。

第五章
其他省份推进现代农业强省建设的经验借鉴

　　江西农业发展不仅要立足于省情，也要借鉴学习兄弟省份的发展经验。本章着重介绍与江西相邻或是与江西农业基本情况有相同特征的各个农业大省的典型经验举措，为江西的后续发展提供实践支持，主要提及了山东、湖南、安徽、河南、四川和浙江这六个省。山东在往年因重点发展初级农业，所以农业大而不强，因此山东在近些年的农业发展上，率先提出"新六产"概念，推动本省一二三产业融合发展，做大做强农业。湖南虽是一个农业大省，但现在面临农业污染重、资源短缺、环境退化以及生产效益低下的问题，因此主要考虑农业转型，构建"三大体系"推进农业绿色发展。安徽作为工业大省，在农业发展的主要方向上着重发挥自身工业优势，将第一产业和第二产业结合，推进农业产业化，即实施"五大工程"，培育现代化农业。河南是农业大省，也是我国食品加工业的主要基地之一，但是存在种养结构供需不均衡以及加工业基地与原料不匹配两大问题，因此为实现种养业大省转变为种养业强省，在补齐自身短板上下功夫，提出"四优四化"助推农业结构调整。四川是我国的产粮大省，因都江堰而得名"天下粮仓"之誉，但也存在农业创新不足、农业结构不合理及农业品牌建设滞后等多重问题，故而四川提出构建现代农业"10＋3"产业体系，向十个特色产业及三个先导性产业发力。浙江生态底色足，充分贯彻"绿水青山就是金山银山"的理论，其启动的"千村示范、万村整治"工程成为典范，主要经验成果是提出走四条"道路"，推进农业转型升级。

综合来看，这六个省的经验做法可以归为：一是推进一二三产业融合发展，构建现代化农业产业体系；二是发展绿色生态农业，建设该地农产品品牌；三是优化农业供给结构，培育该地龙头企业。江西可着重借鉴这些省的经验做法，在弱项补短板，在强项继续发力，从而向现代农业强省的道路不断迈进。

一、山东：发展农业"新六产"

山东存在农业大而不强的特征明显，对标江苏、浙江等省，农业先发优势不再突出，有些领域甚至已经落后。农业农村发展普遍面临结构性矛盾突出、"空心化"严重、农民增收渠道不断收窄等深层次问题，乡村产业仍不兴旺。因此，山东借助农业产业化基础优势，积极探索"新六产"发展多元模式，推进本省农村一二三产业融合发展，带动更多资源要素进入农业农村，加快农业由增产导向转向提质导向，提高农业创新力、竞争力和全要素生产率，有效激发农业农村经济发展动力和活力，加快形成生产美、产业强的发展格局，增创山东农业发展新优势。"新六产"模式是农业产业化的升级版，旨在鼓励农户搞多种经营，即不仅种植农作物（第一产业），而且从事农产品加工（第二产业）与销售农产品及其加工产品（第三产业），以获得更多的增值价值，为农业和农村的可持续发展开辟光明前景。因为按行业分类，农林水产业属于第一产业，加工制造业则是第二产业，销售、服务等为第三产业。"1＋2＋3"等于6，"1×2×3"也等于6。第一产业接二连三、向后延伸，第二产业接一连三、双向延伸，第三产业接二连一、向前延伸，一产的一份收入，经过二产加工增值为两份收入，再通过三产的营销服务形成三倍收益，综合起来六份收入，产生乘数效益，实现一二三产融合发展。在发展农业"新六产"过程中，山东定下的发展目标如下。

（一）发展农业新六产主要目标

一是促进农业提质增效。到 2022 年，主要农产品加工转化率达到 70.5%，规模以上农产品加工业产值与农林牧渔总产值之比达到 3.8∶1，农业生产性服务业增加值达到 330 亿元。认证并有效使用标志的农业"三品一标"数量达到 7500 个以上，培育省级以上知名农产品品牌数量 670 个，农业整体竞争力显著提升。二是大力拓展农业新功能。到 2022 年，农业科技进步贡献率达到 66%；乡村旅游消费达到 5300 亿元；农村网商企业达到 20 万家以上，农村农产品网络零售额达到 660 亿元。三是优化经营体系。到 2022 年，全省销售收入 500 万元以上的农业龙头企业达到 1 万家，其中规模以上农业龙头企业达到 6000 家；出资总额 100 万元以上的农民合作社 14 万个，家庭农场 8 万个，农业社会化服务组织达到 25 万家以上。新型农业经营主体参与农业"新六产"发展的比例达到 80%，农户参与产业化经营比例达到 85%。农业"新六产"对农民增收贡献率显著提高，农村居民人均可支配收入达到 21400 元。四是产业综合效益显著提高。到 2022 年，创建农业"新六产"示范县 50 个，国家和省级农村产业融合发展示范园 30 个，省级及以上现代农业产业园 50 个，形成千亿级农村产业融合发展集群 10 个、百亿级农村产业融合发展集群 100 个。

（二）坚持以"四型发展"为主攻方向

山东统筹考虑各地自然条件、产业基础和交通条件，以差异化发展、协同联动为导向，着力提升山东农业"新六产"整体发展水平。"四型发展"分别为终端型、体验型、循环型、智慧型：终端型致力于结合现代信息技术打造农产品生产加工流通为一体的无缝对接产业体系；体验型致力于充分挖掘农业的生态功能和文化体验功能，积极发展田园综合体和乡村旅游等新业态；循环型为立足农业及农产品加工副产物、废弃物的资源化利用,采用新理念、新技术、新模式,发展生态农业、绿色农业、循环农业;智慧型致力于推进信息技术在农业生产、加工、流通领域的深度运用,提升农业发展效益,发展智慧大棚、创意农业、智慧工厂、智能物流、农村电商等新产业新业态。

二、湖南:构建"三大体系"

湖南的农业生态条件较为优越,是全国的水稻、生猪、鱼类等重要农产品的供应基地。但近年来面临着发展动力不足、产业结构不优、规模化发展滞后、农业面源污染较为突出等问题。通过构建"三大体系"推动现代农业发展,取得了较好的发展效果。

(一) 构建现代农业生产体系

一是提升现代农业绿色化发展水平。大力支持提高农业废弃物资源的再利用,如结合化肥和农药减量化行动,实施有机肥替代化肥示范工程,试验推广有机废弃物堆肥还田。推广新技术,促进秸秆的全面利用。二是提升农业科技化水平。在农业机械化与信息技术融合、生物技术育种等方面持续发力,将现代农业打造为技术密集型农业。三是提升现代农业供给质量。以促进现代农业标准化、品牌化为导向,以建立健全农产品质量安全监管体系、农产品质量安全追溯监管平台和建设一批国家和省级农产品质量安全县为着力点,提升绿色有机高质量农产品供给能力。

(二) 构建现代农业经营体系

一是加强新型农业主体培育工作。加强职业农民,家庭农场和合作社等新兴农业经营主体的培育工作,增强现代农业发展的活力。二是因地制宜推进农业规模化。坚持区域化、差异化布局，构建大区域、大片区规模化发展格局，加快推进耕地向规模经营主体流转。三是拓展新型农业经营主体的经营业务，赋予其更大的发展空间。支持经济组织、农民专业合作社、龙头企业和各类专业服务公司开展农业生产性服务。探索"订单式"、"套餐式"、全程托管等社会化服务模式。四是创新利益连接机制。例如，打造"e基层政府＋农业企业＋农民专业合作社＋农户"多形式联动模式。

（三）构建现代农业产业体系

一是加强特色产业发展。结合地区农业生态条件，支持发展富有地域特色的农业，以特色优势主导产业为基础，大力发展农产品精深加工，建设冷链物流设施，延伸产业链条。二是拓展现代农业发展空间。大力挖掘保护重要农业文化遗产，拓展农业多功能，发展休闲农业和乡村旅游。三是强化产业发展载体支撑。大力支持发展现代农业产业园区和产业集群，实现现代农业的集约化发展。

三、安徽：实施"五大工程"推进农业产业化

近年来，安徽在农业标准化、规模化、科技化和市场化等方面取得了较大的进步。但是安徽农业产业化发展也面临许多新情况、新问题，突出表现在：产业结构不合理、供给质量较低、经营效益不佳、发展动力不强等方面。因此，安徽通过实施"五大工程"，在现代农业产业体系、生产体系和经营体系构建等方面取得了较好的成果，值得借鉴。

（一）优质规模农产品原料基地建设工程

一是加强农田水利设施建设。以巩固和提高农业综合生产能力为目标，开展中低产田改造、高标准农田建设、土地整治和粮食生产基地、标准化规模养殖基地等项目建设。加强农田水利建设，打通"最后一公里"。二是大力发展生态循环农业，通过构建农牧渔结合、种养加一体的产业融合发展体系，提升农业废弃物资源再利用水平。三是大力提升现代农业标准化水平。通过农产品加工企业及新型农业经营主体直接投资、参股经营、签订长期合同等方式，实现规模化经营和标准化经营。

（二）农产品加工业转型升级工程

一是大力支持发展农产品产地初加工。在高标准农田建设中加强贮藏、保鲜、烘干等初加工设施建设。扶持新型农业经营主体引进贮藏、保鲜、烘干、清选分级、包装、运销等技术装备和第三方服务。二是支持发展农产品深加工特别是粮食深加工。加强传统面米、马铃薯及薯类、杂粮等多元化主食产品的加工能力。加强功能性保健食品的加工生产能力。提升农业加工剩余物的再加工利用水平。三是推进优势产业和优势企业聚集发展。结合区域发展现状，打造一批农产品加工产业集群，推进优势产业和优势企业向优势区域聚集，提升农产品加工精深水平。抓好国家级、省级现代农业示范区、农业产业化示范区（基地）建设，积极培育和发展现代农业生产性服务业。

（三）农业新业态拓展工程

一是积极发展电子商务等新业态新模式。大力发展农村电子商务，引领农产品消费新模式。支持有条件地区打造农产品集散、冷链物流、仓储、展销中心，完善农业电商供应链。二是加快发展休闲农业和乡村旅游。依托青山绿水、田园风光、乡土文化等资源，开发休闲农庄、乡村酒店、特色民宿、森林人家、自驾露营、户外运动等休闲农业和乡村旅游产品，不断丰富休闲度假、旅游观光、养生养老、森林体验和康养、创意农业、农耕体验、乡村手工艺等产业类型。提升休闲农业基础和配套服务能力，加强重要农业文化遗产保护，加大休闲农业和乡村旅游品牌培育。扶持建设一批功能完备、特色突出、服务优良的休闲农业聚集村、休闲农业园、森林公园、现代农业庄园。三是大力发展农业服务业。围绕农业生产的产前、产中、产后各环节，把公益性服务和经营性服务紧密结合起来，加快构建和完善以生产服务、科技服务、流通服务和金融服务为主的农业经营性服务体系。

（四）龙头企业培育工程

一是实行分类指导。鼓励现有企业扩大生产规模，实现做大做强。通过兼并重组、上市发债等，组建大型企业集团。引进一批国内外农产品精深加工知名企业。二是增强企业创新能力。指导龙头企业加大科研投入，支持企业与高等院校、科研院所建立工程技术研发中心等，大力提升技术装备创新能力，加强企业原始创新和引进吸收再创新。三是发展现代农业产业化联合体，完善利益联结机制。推广"科研机构＋龙头企业＋合作社＋基地＋农户"的组织模式。引导支持龙头企业与农民合作社、家庭农场、农户建立紧密的农产品产销合作关系，实现利益共享。

（五）农产品品牌创建工程

一是实施农产品加工业质量品牌提升行动。从标准化生产和质量检测等方面提升农产品质量。二是提升品牌影响力。举办各类名优农产品宣传推介活动，鼓励企业在境内外建立专门推广推介机构。发挥中国安徽名优农产品暨农业产业化交易会平台作用，展示农产品品牌形象。综合运用传统媒体和新媒体优势，开展多种形式的农产品品牌展示、推介活动，打造一批"皖字号"区域大品牌、行业大品牌和企业大品牌。

四、河南:"四优四化"推进农业
供给侧结构性改革

河南的农产品加工业在全国占有重要地位,2018 年企业经营收入居全国第二位。河南在主要农产品产量稳定增长,农业结构优化升级加快、农民收入持续增长的同时,也面临着提质增效亟待加快、历史欠账亟待弥补、发展系统性亟待增强等突出问题。在种植农业方面,由于河南主要粮食作物为小麦,但是面临所种植的小麦种植结构与市场需求不对称;销售大多依赖国家托市收购,出现大面积难卖;国产小麦价格远高于进口小麦到岸价格等问题。在农产品加工方面,河南的食品工业规模大,但是龙头企业原料自给率不高,与原料基地建设结合不够,没有紧密稳定的优质原料基地。因此河南提出"四优四化"助推农业结构调整。

(一) 四优

四优指突出优质小麦、优质花生、优质草畜、优质果蔬供给,大力调整农业结构。关于发展优质小麦,利用地理信息系统实现村地块上图入库,逐步实现网上实时查询管理,实现优质小麦订单全覆盖。关于优质花生,在扩大生产规模的同时实现质量提升。关于优质草畜,以"粮改饲"试点县建设为示范,大力发展青贮玉米。关于优质果蔬,大力发展设施种植规模,发展休闲采摘,调剂瓜果市场供应。推进农超对接、农批对接和订单生产,提高产销对接水平。

(二) 四化

四化指统筹推进"布局区域化、经营规模化、生产标准化、发展产业化"，推动农业供给侧结构性改革，提高农业质量效益。围绕新"四化"这个主题，河南政府出台了《河南高效种养业转型升级行动方案》《绿色食品业转型升级行动方案》，这两个方案为河南推动实施乡村振兴战略、推进农业农村现代化提供了重要抓手。其中，《高效种养业转型升级行动方案》主要体现在打造现代农业产业体系、生产体系、经营体系，提高组织化程度。《绿色食品业转型升级行动方案》瞄准构建产业链、组合供应链、提升价值链。鲜活农产品冷链物流是保证加工品品质性状稳定的重要一环，为解决原料基地和冷链物流两端的问题，河南省按照绿色原料基地、绿色工厂、绿色冷链物流系统构建全产业链。在做大做强产业方面，河南着力加大经营主体培育。

五、四川：构建现代农业"10＋3"产业体系

四川是我国粮食作物和经济作物的重要产地，自古以来有"天下粮仓"的美誉。在所有行业现代化转型的当下，四川近年农业发展显得动力不足，一是适应四川地理环境的农机设备不足；二是农业结构失衡；三是农业品牌缺乏。四川为加快建设特色鲜明的现代农业产业体系，推进由农业大省向现代农业强省跨越，推进川粮油、川猪等十大优势特色产业全产业链融合发展，夯实现代农业种业、现代农业装备、现代农业烘干冷链物流三大先导性产业支撑，培育形成特色鲜明、结构合理、链条完整、全国领先的现代农业"10＋3"产业体系。

在具体实施路径上，四川将从产业基地建设、提升农产品质量和强化政策支持等领域入手。在产业基地建设方面，依据各地优势，以县域为单元，确定十大特色优势特色产业重点县，统筹建设农产品初加工、育种基地、仓储物流设施等。同时，以现代农业示范园区建设为抓手，构建国家

级到县级的农业园区梯次发展体系。以现代农业园区为主体，集聚政策、资金、人才等要素，促进龙头企业和新型农业经营主体向园区集中。在农产品质量提升方面，一是就地就近建设农产品产地初加工和商品化处理设施，实现农产品产地初加工率达到65%。二是建设省级区域公用品牌5个以上，推动成立四川品牌发展联盟。三是建立完善农业资源环境监测预警体系，探索以县为单位建立农业产业准入负面清单制度。四是加快南繁科研育种基地建设，引进推广先进适用的现代农机装备和现代信息技术，支持各类主体加快建设新型烘干冷链基础设施。强化政策支持方面，四川将从财政、金融、用地保障和人才等政策方面全方位发力。统筹利用好各级财政涉农资金，完善市县多投入、省级多补助的激励机制。实施"川农贷"工程，建立涉农信贷政策导向评估体系；将部分省级现代农业园区列入省级重点建设项目，各地按不低于省下达年度新增建设用地计划总量的8%；加强产学研协同建设，建立现代农业园区与专家对接服务机制。

六、浙江：实施"八大工程"建设高质量、高水平现代农业强省

　　针对现代农业发展中出现的结构不优、效益不高以及体制机制不畅等问题，浙江出台了《浙江省现代农业发展"十三五"时期规划》，确定了推进现代农业强省建设的"八大工程"。近年来，在该文件的指导下，围绕"八大工程"，浙江着力推进农业发展方式转变和农业供给侧结构性改革，让浙江的现代农业在绿色化、科技化、规模化、特色化和标准化等方面走在了全国前列，值得江西借鉴。

　　1. 农业空间布局优化工程

　　在城乡结合地区，大力发展以集约化、设施化，高投入，高产出、多

功能为代表的都市型农业，以保障城市的"菜篮子"供给和农业生态功能发挥。以保障粮食安全为目标，加大对粮食生产功能区的支持力度，推动粮油产业高质量发展。以延长产业链、打造供应链、提升价值链为导向，利用现代农业园区积极推进农业标准化、专业化和品牌化。因地制宜发展地方特色农业，推进地方特色农业精品化。

2. 现代农业高质量发展载体建设工程

以藏粮于地、藏粮于技为目标导向，浙江通过加大农业财政投入力度，改善现代农业基础设施，提升机械化、设施化、智能化生产水平，积极推进粮食生产功能区和现代农业园区建设。此外，统筹考虑区域发展实际，浙江还积极推进"一区一镇"建设，培育建成了30个左右农业产业集聚区和100个左右特色农业强镇。

3. 产业融合发展工程

浙江从横向和纵向两个方面推动一二三产业融合发展，在横向上，深入挖掘农业的生态功能、文化和教育功能，促进农业功能充分发挥，在纵向上，立足于提升现代农业综合生产力，大力发展代耕代种、统防统治、烘干储藏等现代农业生产性服务业，积极推动农业加工业做精做细，大力建设冷链物流体系，从多个维度推动现代一二三产业融合发展。

4. 生态循环农业示范建设工程

作为全国唯一一个现代生态循环农业试点省，浙江以全国现代生态循环农业试点省建设为抓手，积极推进全国现代生态循环农业先行区建设。一是加强农业生态环境保护。浙江积极推进畜禽养殖污染物全收集、全处理、全达标，加快推进有机养分和高效环保农药替代，实现化肥和农药减量化，完善农业面源污染监测体系，实施土壤污染治理行动。二是积极推行农牧结合的生态种养模式，开展整县制现代生态循环农业示范试点和区域性现代生态循环农业示范区项目建设。三是充分发挥政府和市场的作用，构建现代生态循环农业制度体系和长效机制。着重健全和完善农药化肥废弃包装物、废旧农膜、病死动物等回收和无害化处理体系。

5. 农产品质量提升工程

一是以重点农产品标准化生产为切入点，加强农业标准体系建设；二是加强农产品质量安全全程监管制度建设，加快构建省、市、县统一的农产品质量安全追溯平台，以县域为单元促进农产品质量提升；三是鼓励新型农业经营主体积极参与"三品一标"认证和各类农博会，打造一批有影响力的农产品品牌。

6. 农业领域"机器换人"和"互联网＋"农业发展工程

在"机器换人"方面，浙江积极推进农田宜机化改造，加大农机购置补贴和中高端农机供给，积极培育农机社会化服务组织。在"互联网＋"农业发展方面，以现代农业地理信息系统和农业物联网示范应用为基础，建设包含农业行政监管、农业综合服务、农业政务信息三大平台的农业信息化网络体系，积极发展农业电子商务。

7. 现代种业创新发展工程

一是通过建设省级种质资源保护研究中心，进一步加大特化种质资源保护和开发利用力度；二是支持优势种业企业通过建立提升自主创新能力，构建以企业为主体的商业化育种体系；三是以需求为导向，培育一批适应机械化生产和高品质的新品种。

8. 新型农业经营主体培育工程

一是培育一大批有文化、善经营、会管理的新型职业农民。鼓励大学生、退伍军人等群体返乡创业，充实农村实用人才队伍。二是推动家庭农场、农业合作社进一步做大做强，提高家庭农场在农业生产中的地位，使农业合作社成为农业产业化经营中的主力军。三是鼓励工商资本上山下乡，培育一批产业关联度大、带动力强的骨干龙头企业。四是积极推广"农业龙头企业＋合作社＋基地＋农户"、"合作社＋企业＋农户"等经营方式，创新产业化经营模式，优化利益联结机制。

第六章

"十四五"时期江西现代农业强省建设的总体思路、基本原则和主要任务

前文重点分析了"十四五"时期江西现代农业强省建设的国内外形势、重点领域以及兄弟省份促进现代农业发展的经验举措,为进一步深入分析"十四五"时期江西现代农业强省建设的路线图奠定了坚实的基础。因此,本章将在前文研究的基础上,结合江西发展实际对"十四五"时期江西现代农业强省建设的总体思路、主要原则和主要任务进行详细说明。

一、总体思路

"十四五"时期江西现代农业强省建设应以构建现代农业生产体系、产业体系和经营体系三大体系为主要目标,以实现农业绿色崛起为主要方向,着力转变农业管理理念、创新农业经营策略、提升农业机械化和信息化水平、提升农业科技创新水平,实现农产品的高质量供给。走出一条产出高效、产品安全、资源节约、环境友好的现代农业强省之路,在全国率先实现农业绿色崛起。

（一）转变农业管理理念

随着科学技术特别是新一代信息技术的快速发展，现代农业的发展方式发生了较大变化，需求也逐步升级，相应的现代农业发展理念出现了变化，产业融合发展和农产品质量提升在现代农业管理理念中占有越来越重要的地位。因此，必须要转变农业发展理念，将新的发展理念运用于现代农业发展的各个方面。在产业融合发展方面，要将先进的工业化生产和营销思维、互联网技术和现代农业装备"内植"于农业，促进一二三产业融合发展，从而推进农业现代化与工业化和信息化协调发展。在农产品质量提升方面，要充分利用现代互联网技术构建完善的农产品监管、检测和溯源体系，确保农产品的高质量供给。

（二）创新农业经营策略

农民组织化和农民职业化是实现农业产业化组织的基础。土地产权制度的改革对激活农村土地要素、优化土地资源配置具有极其重要的意义，也为农村适度规模经营提供了制度基础。要以激活"三权"权能、做大规模流转、打通"权""钱"通道来盘活三资要素。按照"三权分置"要求深入推进农村土地制度改革，积极探索农村土地集体所有制的有效实现形式，在土地承包经营权确权登记颁证工作和流转土地经营权确权发证工作的稳妥推进下，有效盘活农村三资要素，让"死权变活权、活权生活钱"。要加快转变农业发展方式，发展多种形式适度规模经营，发挥农民专业合作社、农业龙头企业和各类经营大户在现代农业强省建设中的引领作用，构筑各环节相互连接、利益协调的农业生产经营组织体系。

（三）提升农业机械化和信息化水平

农业机械化和农业信息化是转变农业发展方式、提高农村生产力的重要基础，现代农业客观上要求现代设施和装备的配套。在农业机械化方面，受农机产品需求多样、机具作业环境复杂等因素影响，当前江西农业机械化和农机装备产业发展不平衡不充分的问题比较突出,特别是农机科技创新能力不强、部分农机装备有效供给不足、农机农艺结合不够紧密、农机作业基础设施建设滞后等问题亟待解决,还没有从根本上摆脱"靠天吃饭"的状况。要围绕加强绿色高效新机具新技术示范推广、推动智慧农业示范应用和提高农业机械化技术推广能力等方面用先进的物质条件装备农业。在农业信息化方面,构建覆盖农业种植生产、农机管理、绿色食品、测土施肥、植物保护、农产品质量安全等主要业务领域的数字化平台。重点推进农业大数据及物联网在测土配方施肥、作物病虫害统防统治、大型农机具智能调度等农业全产业链关键环节的示范应用。

(四)提升农业科技创新水平

随着世界性农业科技革命正在兴起,科技在现代农业发展中的主导地位日益加强。尤其是生物技术不断取得重大突破并迅速产业化,信息技术和新材料等高新技术在农业中的应用越来越广泛。科学技术使越来越多的农业机械设备更加具有智能技术,可有效提高劳作效率,提高资源的利用率,降低生产成本。但江西面临农民素质偏低、农业科技成果转化率普及率偏低的现状,亟须以农民的素质提高为基础,以农业企业的自主创新能力增强为核心,不断推动科技进步。具体而言,要从科技创新和基本农业科技普及两个方面发力。在加强科技创新和应用研究方面调整科技开发方向,实现农业在绿色发展技术方面的突破。支持农业科技创新联盟建设,构建完善的利益联结机制,优化各类创新资源配置,为农业科技创新体系建设提供有力支撑。在基本农业科技普及方面,抓好农业科技入户工程、广泛推广应用先进适用技术、深化改革农技推广体制。加强农民培训力度,培养一批懂技术、善经营、会管理的骨干农户和各类专业大户、贩销大户。

二、基本原则

（一）坚持把推进农业农村改革创新作为强大动力

要进一步理顺土地所有权，稳定承包权、激活经营权，发展农业规模经营；探索宅基地所有权、资格权、使用权"三权分置"，引导闲置宅基地和闲置农房合理配置利用。稳妥推进农村集体经营性建设用地入市、农村土地征收制度改革，切实保护农民的土地财产权益。继续深化农村集体产权制度改革，以推行股份合作制改革为重点，盘活农村集体资产，提高农村各类资源要素的配置和利用效率，发展壮大农村集体经济；创新农业经营体系，着力培育示范家庭农场、示范合作社、重点龙头企业、社会化服务组织、示范农业产业化联合体等新型经营主体，构筑现代农业产业链；强化农村金融服务，加强农业保险体系建设。以绩效为导向，着力加大农业农村改革力度，加快推动农业体制机制创新和科技创新，促进农业发展方式从过多依赖物质要素投入向依靠科技进步和体制机制创新转变，不断增强农业发展动力。

（二）坚持把保障粮食等主要农产品有效供给作为首要任务

要始终把强化粮食生产的基础能力作为抵御自然风险、保障粮食安全的首要路径，通过不断改善粮食生产面临的农田、水利、农业机械与科学技术等方面的客观条件，不断实现"藏粮于地，藏粮于技"。继续推进永久基本农田保护工作，在耕地数量上保障粮食生产的基础能力。同时，大力推进高标准农田建设，强力"减肥减药"，推行休耕轮作试点，恢复与提升耕地地力，在耕地质量上保障粮食生产的基础能力。既要强调专业大户、家庭农场、农业合作社、龙头企业等新型农业经营主体在粮食生产中的重要作用,又不断引导小农户通过社会化服务、农业生产托管等方式,实现与现代农业的有机衔接,努力实现粮食安全的"双主体"保障。不断完善粮食的价格形成机制,不断消除对粮食价格的扭曲,提高我国粮食的竞争力。

(三)坚持把加快推进农业提质增效作为主攻方向

要以深化农业供给侧结构性改革为主线,立足调结构、补短板、强品质、激活力,加快构建现代农业产业体系、生产体系和结构体系。坚持优质、安全、绿色导向,因地制宜种植俏销产品,打造高效农业板块,扩大优质农产品供给。要立足调优结构,提高农业供给质量,在做大绿色生态蔬菜产业、做特富硒养生产业、做优稻田综合种养产业、做强标准化畜禽养殖产业上做文章、下功夫、见成效。着力补齐农业基础设施、主体培育、科技创新等发展短板,提升农业综合生产能力。大力改善农业基础条件,符合"藏粮于地、藏粮于技"的高标准、高要求。大力培育农民专业合作社、家庭农场等新型农业经营主体,发挥龙头企业带动作用。大力推进农业科技创新,引进专业人才从事农业技术研发和成果转化。围绕促加工转化、促品牌打造、促增效增收,强力夯实品质,提高农业发展质效。突破性发展农产品精深加工,引导加工企业向主产区、优势产区、产业园区集中,打造农产品精深加工产业集群。着力创建农产品品牌,实施精品品牌工程,鼓励新型农业经营主体创建优势品牌。深入挖掘农业多种功能,培育休闲、创意、养生、生态、观光等农业新型业态。着力推动农业体制机制、动能业态、社会化服务模式创新,不断释放农业发展活力。创新"三农"投入,增加信贷品种、降低信贷门槛、增加信贷总量。创新农业社会化服务,扶持培育农机作业、农田灌排、统防统治、烘干仓储等经营性服务组织。创新土地经营模式,通过经营权流转、订单农业、土地托管、代耕代种、合作经营等模式,发展土地适度规模经营。

（四）坚持把市场机制和政府服务作为推动现代农业发展的重要手段

要进一步加快农业市场化改革，为市场创造良好的机制，理顺上下游关系，进一步合理地分配产业链各环节利益。引导农业经营主体把着力点从争取优惠政策寻求政策"红利"转到依靠自身创新获得竞争优势上来。进一步明确惠农政策享受对象和条件，减少直至最终消除面向农业生产经营主体的普惠政策，遏制农业生产要素价格过快上涨，把优势农业做强做大。更加注重农业要素市场化改革、注重选择金融支农政策，更好地发挥市场在资源配置中的决定性作用。尽可能地减少政府直接定价、直接收储农产品，鼓励新型农业经营主体，特别是农民专业合作社和农业企业与农户形成多种紧密联系的产销组织，由多种主体参与形成农产品价格。财政支农应主要用于农业生产条件的改善和农村一般公共服务的提供。财政给予新型农业经营主体的惠农政策要由事前申报拨付为主向事后评价奖励转变，以鼓励先进，克服寻租。

（五）坚持把保障和改善民生作为出发点和落脚点

进一步完善农业补贴政策，保障农民种粮基本收益，稳住粮食播种面积，稳定粮食产量。大力发展猪肉、果蔬等副食品生产，让群众餐桌更丰富。稳住价格，培育一批线上线下融合发展的数字商务企业和若干现代供应链综合服务企业，构建"从田间到餐桌"的绿色流通网络体系，解决好农产品"卖难""买贵"的问题。深化景区体制机制改革，推动涉旅文物保护单位"两权分离"；挖掘自然人文景观独特文化内涵，推动文物活化利用，加强文创产品开发。加大创业就业支持力度，扎实做好高校毕业生、农村劳动力、就业困难人员、退役军人等重点群体依托农业实现就业。

三、主要目标

　　"十四五"时期,江西建设现代农业强省的主要目标体现在以下三个方面。一要加快构建现代农业产业体系、生产体系和经营体系。在产业体系上要秉持"大农业"、"大食品"眼光,积极引进战略性龙头企业,大力发展粮食精深加工项目,做强绿色食品加工业,推动粮经饲统筹、农林牧渔结合、种植和养殖及加工、一二三产业融合发展,让农产品变"精品"。在生产体系上要注重农业生产与资源环境协调共行,推进农业发展从依靠人力畜力、"靠天吃饭"转到依靠科技创新和提高劳动者素质上来,从根本上提高农业资源利用率、土地产出率和劳动生产率,不断增强粮食综合产能。在经营体系上要培育规模化经营主体和服务主体,提高农业经营集约化、组织化、规模化、社会化、产业化水平,真正使各类专业合作社转起来、强起来,让广大农户融进去、富起来。二要加快发展绿色生态农业。现代农业的特点是绿色、规模、特色,要以转变农业发展方式为目标,不断提质增效。要大力发展一批优质高效绿色有机示范基地,建立完善"从田间到餐桌"的农产品质量安全全程可追溯体系。要强化绿色食品行业监管,引领绿色食品消费潮流,壮大龙头企业,培育知名品牌,打造绿色生态有机农业品牌体系,提高农产品市场竞争力。三要加快发展"互联网+农业"。"互联网+农业"将移动互联技术同现代农业深度融合,重塑农业产业链的各个环节,助推农业全产业链发展,对传统农业是一场颠覆性的革命,为现代化农业发展带来新的契机。要加快推进"互联网+农业"新型业态发展,切实解决田间地头与市场端头直接对接问题,带动农产品精深加工业发展,提升农业产业化水平。要加强与全国知名电子商务运营公司的战略合作,集中打造多功能农业电子商务交易平台,实现线上与线下、平台与品牌相互促进、共同发展。

如表6-1所示,参考《江西现代农业强省建设规划(2015—2025年)》,按照市场化、产业化、规模化、高端化、绿色化、品牌化"六化融合"的发展要求,从粮食产能、农村居民可支配收入、绿色有机农产品、农业科技进步贡献率、农业产业化水平、农业信息化水平、农业机械化水平、农产品品牌水平和深化改革水平九个方面对"十四五"时期江西现代农业强省建设的发展目标进行描述。到2025年,江西将形成技术装备先进、组织方式优化、产业体系完善、市场体系高效、综合效益明显的现代农业发展新格局。

表6-1　现代农业强省目标描述

指标	目标描述
粮食产能	确保建设高标准绿色生态农田2825万亩,进一步巩固江西粮食主产省地位
农村居民可支配收入	确保农村居民可支配收入较快增长,超过全国平均水平
绿色有机农产品	确保80%以上的农产品产地达到生产绿色农产品的环境要求,绿色有机农产品水平进入全国先进行列
农业科技进步贡献率	农业科技贡献水平跃上新台阶,全省科技进步贡献率达到全国平均水平
农业产业化水平	农业产业化水平跃上新台阶,农产品加工业产值与农业总产值之比超过全国平均水平
农业信息化水平	农业信息化水平跃上新台阶,基本实现生产智能化、经营网络化、管理高效化、服务便捷化
农业机械化水平	农业机械化水平跃上新台阶,主要农作物耕种收综合机械化水平超过全国平均水平
农产品品牌水平	农产品品牌建设水平跃上新台阶,唱响"生态鄱阳湖、绿色农产品"品牌
深化改革水平	农业农村全面深化改革跃上新台阶,在若干重点领域进入全国先进行列

如表6-2所示,针对江西现代农业强省建设中存在的突出问题,参考《江西现代农业强管建设规划(2015-2025)年》分别从农产品供给、

农业结构、现代农业物质装备、现代农业科学技术、现代生产经营形式、农业生态环境和农业产值与农村居民可支配收入等方面建立了现代农业强省的基础性指标。

表6-2 现代农业强省基础性指标

类别	指标	2025年
农产品供给	粮食总产量（万吨）	—
	油菜籽产量（万吨）	80
	肉类总产量（万吨）	449
	猪肉	326
	禽肉	90
	牛肉	30
	羊肉	2.7
	家禽产蛋量（万吨）	90
	牛奶产量（万吨）	20
	茶叶产量（万吨）	20
	蔬菜产量（万吨）	2570
	水果产量（万吨）	1000
	脐橙产量（万吨）	400
	水产品总产量（万吨）	407
	农产品质量安全例行监测总体合格率（%）	>98
农业结构	经济作物产值占种植业产值的比重（%）	63
	养殖业产值占农业产值的比重（%）	55
现代农业物质装备	高标准绿色生态农田面积（万亩）	—
	设施农业面积（亩）	300000
	农机总动力（万千瓦）	2800
	主要农作物耕种收综合机械化水平（%）	80
现代农业科学技术	科技进步贡献率（%）	65
	农村实用人才总量（万人）	100

续表

类别	指标	2025 年
现代生产经营形式	农产品加工率（%）	70
	规模以上龙头企业数量（个）	8000
	规范运行的农民合作社（万个）	2.8
	培育新型职业农民人数（万人）	—
	涉农电商企业数量（家）	15000
农业生态环境	农作物氮肥利用率（%）	45
	农作物农药利用率（%）	40
	农业废弃物综合利用率（%）	90
	农田灌溉水有效利用系数	0.57
农业产值与农村居民可支配收入	农林牧渔业增加值年均增长率（%）	>4.5
	农村居民可支配收入（元）	>30000

四、重点任务

（一）提高粮食保障能力

1. 加强耕地数量、质量、生态"三位一体"保护

按照"占一补一、占优补优、占水田补水田"要求，严格执行耕地占补平衡政策，牢牢守住耕地保护红线。巩固"大棚房"等农用地非农化问题整治成果，严厉打击违法违规占用耕地，特别是占用永久基本农田行为。严格保持粮食生产功能区种粮属性，任何单位和个人不得在粮食生产功能区内开展种植林木、多年生经济作物、苗木、草坪等破坏耕作层的活

动和非农业建设（不含设施农业），不得进行取土、堆放固体废弃物等毁坏种植条件的活动，否则不得享受耕地地力保护补贴。

2. 加强永久基本农田的划定和保护工作

加大永久基本农田建设力度。加大财政投入力度，整合涉农资金，吸引社会投资，在永久基本农田保护区和整备区开展高标准农田建设和土地整治，全面推行耕作层土壤剥离再利用，提高永久基本农田质量等级。完善永久基本农田保护激励约束机制：一方面，要切实落实地方各级政府永久基本农田保护主体责任；另一方面，要充分调动农村集体经济组织、农民管护和建设永久基本农田的积极性。建立健全农田建设投入稳定增长机制，优化财政支出结构，将农田建设作为重点事项。继续在省级层面统筹整合中央预算内农田建设资金、农田建设财政补助资金及农业生产发展资金，整合省级涉农财政资金，集中用于高标准农田建设。研究制定高标准农田建设新增耕地收益用于农田建设的政策，积极开展创新试点，鼓励引导金融资本、社会资金参与农田建设，构建多元化农田建设投入机制。各地要建立农田建设管护经费合理保障机制，强化用途管控，及时将建成的高标准农田划为永久基本农田，实行特殊保护，坚决防止高标准农田"非农化"；完善种粮激励政策，建成的高标准农田主要集中用于重要农产品特别是粮食生产。"十四五"时期新建高标准农田600万亩左右，提质改造900万亩左右；到2035年，全省高标准农田保有量和质量进一步提高。

3. 大规模推进农田水利设施建设

按照"系统治理、成片推进，因地制宜、突出重点，节水优先、绿色发展"的原则，围绕支渠到田间的灌溉系统和田间到大沟的排水系统及相应配套设施科学编制实施方案，抓好农田水利"最后一公里"建设，合理安排建设工期，有序高效推进各项工程建设。在支持农田水利基本建设工作中，银行应切实把握好信贷投放节奏，加大对农村基础设施建设的中长期资金投入，支持农村饮水安全工程、水库除险加固、重点河道治理、大型灌区续建工程等水利建设的信贷支持。要着力抓好一批重大水利项目建设，增强农业水资源综合配置能力。大力推进农田灌溉"润田工程"，积极推进鄱阳湖等新灌区建设，全面改造完善田间排灌渠系，推进田间地头引水"最后一公里"建设。

（二）做强现代农业产业链

当某种农产品种植达到了一定规模就必须走提高附加值、延长产业链的深加工之路，才能把农产品的商业价值充分激发出来，把农业的高附加值挖掘出来，把大交通、大数据促进大流通、标准化生产的优势发挥出来。做强现代农业产业链，要大力发展农产品加工产业，发展农村电子商务，推进一二三产业融合发展，不断延伸农业产业链条，建成由产品链、价值链、创新链、资金链、信息链、组织链等构成的现代农业"全产业链"体系，实现农业产业高效发展。

1. 构建全要素、全链条、多层次的现代农业全产业链标准体系

分行业、分区域、分链条构建结构合理、协调配套的标准体系。建立农业标准化示范推广体系，结合地方优势特色产业，加强农业标准化示范项目建设。强化标准实施，全面推行农业标准化生产，加强农业基础设施建设标准化工作。以标准化促进资源整合和多业态融合发展，推进循环农业、智慧农业、休闲农业、乡村旅游等标准化建设。积极创新标准化服务方式，扶持农业标准化科研服务机构发展，强化农业农村标准化基础研究和标准研制，建立健全技术、专利、标准协同发展机制，加快新技术成果转化。深度参与国际、国家标准化活动。

2. 大力发展农业加工业

实施农产品加工业提升行动，鼓励企业兼并重组，淘汰落后产能，支持主产区农产品就地加工转化增值；充分发挥农业产业化龙头企业的带动作用，按照生产、加工、流通、销售一体化发展的思路，突出关键环节、关键技术，打造粮油制品、畜禽制品、乳制品等特色农产品加工优势区，推动与县域经济发展有机结合，形成"一县一特、一特一片、一片一群"发展格局。加快构建推动农产品加工业发展的政策扶持、金融创新、科技支撑、公共服务等体系，建立完善促进农产品加工业发展的体制机制。一

方面实施综合奖补政策，另一方面落实加工业用地政策。以国家级省级农业高新技术开发区和各类农业产业园、科技园为载体，优化要素配置，推进产业融合，集群化发展，加快把食品产业和农副产品精深加工打造成第一支柱产业。积极引进工商资本和企业，以利益连接为纽带，推进产业融合发展，延伸产业链，提升价值链。

3. 培育农业服务新业态

大力培育发展壮大观光农业、体验农业、创意农业、乡村旅游、健康养老、农村电商等新业态，推动资源优势转化为区域经济发展优势。统筹推进山水林园田路景观建设与传统村落建设，进一步挖掘农耕文化内涵，实施休闲农业和乡村旅游精品工程；利用闲置农房发展民宿、养老等项目，充分发挥农村的独特资源和优势，打造一批集绿色产业、乡村旅游、生态度假、传统文化、田园社区为一体的田园综合体，推动农业生产由种养单一功能向"优势产地＋原产地加工＋观光农业"的转变，实现农村生产、生活、生态"三生同步"，农业文化旅游"三位一体"，探索农业农村全面发展新模式、新路径。

4. 大力发展农业生产性服务业

积极拓展服务领域，尽快把农业市场信息、农资供应、绿色生产技术、废弃物资源化利用、农机作业及维修、农产品初加工、农产品营销等服务开展起来，覆盖农业生产产前、产中、产后全过程，通过生产性服务业的发展，努力解决好广大农户一家一户办不了、办不好、办起来不合算的事情。要大力培育多元服务组织，按照主体多元、形式多样、服务专业、竞争充分的原则，加快培育各种类型的服务组织，鼓励各类服务组织加强联合合作，构建多元主体互动、功能互补、融合发展的现代化农业生产服务格局，为农业生产经营提供更加便利、更加高效的全方位服务。要不断创新服务方式，从专业化专项服务到全方位综合服务，从单环节、多环节农业生产托管到全程农业生产托管，从农业技术推广到农业市场服务。

（三）加强现代农业发展载体建设

1. 建设绿色有机农产品生产和加工基地

严格对照国家有关规定和绿色有机食品标准，组织实施标准化生产。建立了测土配方施肥、耕地轮作、秸秆还田、农业"三减"、增施有机肥、生物防治等绿色标准化生产体系，有效减少化肥、农药、除草剂施用量，提高农产品品质，保证所生产的农产品符合绿色有机标准。根据各县（市、区）比较优势、气候特点和产业基础，依托农业龙头企业、新型农业经营主体等，建立绿色和富硒功能性农产品生产基地。建立健全生产记录、产地证明、农药、除草剂、渔药使用负面清单管理制度和市场准入制度，严格按照标准组织生产。制定畜禽养殖、疾病预防、饲草饲料、综合性主推技术，实施畜禽规模化、绿色化生产。推进良种研发和统一供种，提升良种化水平和统一供种能力。整合科技资源，积极构建绿色发展服务支撑体系。依托省农科院、江西农业大学等农业科研院校以及市、县、乡三级农业技术服务体系，通过技术培训、田间指导、热线咨询、远程视频等，对合作社、种植大户等经营主体进行一对一跟踪服务指导。积极推进新型经营主体一体化发展，引导新型经营主体紧跟市场需求，建设加工企业，开展畜牧、水产养殖，由生产型向生产经营型转变，开展农产品加工营销，实现产加销一体化发展。推进农产品向精深加工发展，建设农产品加工园区。

2. 加强农业科技园区建设

以"产业兴旺"为目标，集中打造一批"产业特色鲜明、要素高度聚集、设施装备先进、生产方式绿色、经济效益显著、辐射带动有力"的产业园。围绕保障重要农产品供给和促进农民持续增收，综合考虑农业资源禀赋、特色产业发展、一二三产业融合等因素，统筹推进国家产业园建设。坚持高标准引领，规划先行，加快构建以国家级现代农业产业园为龙头、省级为骨干、市县级为基础的产业园建设体系。在做强规模种养的基础上依托各自优势，因地制宜向精深加工、贸易流通、休闲旅游等新产业新业态拓展,形成全产业链推进、多模式发展的格局。强化科技支撑,把产业园打造成先进技术研发和先进技术装备应用高地。突出优质安全,树立质量兴农、绿色兴农、品牌强农的新标杆。重点支持创建优质粮油、健康养殖、现代种业产业园,鼓励结合产业发展需要创建中药材产业园。优先支持符合条件的贫困县、粮食生产功能区、重要农产品生产保护区、特色农产品优势区、国家现代农业示范区等申请创建。鼓励和支持有条件的家庭农场参与粮食生产功能区和现代农业产业园建设。产业园建设中引入企业作为实施主体,自主设计项目和制定资金使用方案,县级政府作为责任主体只负责审批项目立项和监督资金使用,省级层面实行鼓励、允许和负面"三个清单"管理,紧抓融合这个核心,着重找短板补齐产业链。用工业化的理念发展农业,培育壮大联农带农的经营主体,吸引和培育一批有实力的企业入园发展,要把联农带农实际效果作为政策支持的重要条件,支持组建产业化联合体,发动小农户抱团发展,积极推广土地承包经营权入股、财政补助资金股权化改革等新的利益联结机制,让农民长期享受持续稳定的收益。改革财政投入方式,由层层审批下拨改为直接拨付到实施主体(企业),快速且让企业有更大自主权。每个产业园给予50亩建设用地专项指标,解决农业发展用地难问题。组织专家团队一对一对接支持产业园。坚持发展现代农业与培养职业农民相结合,聘请专家学者、农技人员对职业农民进行技术培训。

(四)大力推进农业科技创新

1. 强化农业科技创新体系建设

实施科教强农战略,加快完善和稳定农业科技创新机制和投入机制。打破部门、区域、学科界限,有效整合科技资源,建立协同创新机制,推动产学研、农科教紧密结合。围绕农业生产实际和企业技术需求,组织实施一批农业科技研究与技术推广重大专项。建设一批现代农业产业技术研发中心、现代农业科技创新中心及基地,着力打造省级现代农业科技创新团队,推进江西农业科技创新联盟建设,不断强化农业科技创新体系建设。利用现代农业产业科技创新中心、农业科技创新联盟等载体，围绕产业链构建创新链，打造区域农业发展增长极、培育农业发展新动能。在联盟建设方面，以解决行业、产业和区域性重大问题为导向，整合优势科技资源，搭建多学科协同、科企紧密协作、科技创新上中下游衔接的平台。在创新平台建设方面，以科技创新为基础、产业化为方向，着力推动要素集聚、关键技术集成、关联企业集中、资源配置集约、优势产业集群，创建一批科技创新能力强、科技型企业强、辐射带动能力强的国家现代农业产业科技创新中心。

2. 加快成果转化应用体系建设

加快培育以新型农业经营主体为载体的成果转化应用体系建设步伐，充分发挥企业在科技创新中的主体性作用。着力推进省级农业科技成果转化公共服务平台暨农业科研项目储备库建设，遴选建设一批省级现代农业科技成果转化中心和农业科技企业孵化器平台，打造省级以上农业院校人员深入实践的重大载体，发展农村创新创业环境平台，加快江西农业科技成果转化应用。

3. 强化农技推广服务体系建设

推进基层农技推广服务体系改革与建设，强化农技推广、农作物疫病防控和农产品质量安全监测、检测等公益性职能，并争取省级资金给予稳定支持。进一步理顺管理体制，鼓励有条件的地方积极探索创新管理体制，加强县级农业部门对乡镇农技推广机构的管理与指导，充分发挥县乡农技推广机构的整体功能。积极探索公益性农业技术推广机构与新型农业经营主体合作新模式，鼓励农业企业参与建立新型农业社会化服务机构，引领带动多元化农业技术推广服务工作，加快构建"一主多元"的新型农业社会化服务体系。

4. 加强人才队伍支撑体系建设

深化农业农村人才发展体制机制改革，实施人才强农战略，健全人才管理、培养、激励机制。加快农业科技人才队伍培养，依托农业科技创新联盟建设项目和科技特派员工作，继续稳定扶持现代农业产业技术体系和共性关键技术创新团队专家队伍，培育壮大农业科技创新团队领军人才和创新创业人才。健全农业人才培养政策和培育工程，吸纳一批涉农高校毕业生充实到乡镇从事农业农村科技工作。

（五）完善农产品流通体系

1. 加强政策引导

紧紧抓住互联网发展机遇，加快推进信息技术在农业生产经营中的广泛应用，充分发挥网络、数据、技术和知识等要素作用，建立完善适应农产品网络销售的供应链体系、运营服务体系和支撑保障体系，促进农产品产销顺畅衔接、尽快制定现代农产品物流产业的扶持政策。

2. 打造"互联网+"农产品物流平台

整合三方物流平台，打造互联网时代的智慧农产品物流平台，完善智能物流配送调配体系，实现货运车辆与仓储设施、配送网点等信息互联，促进人员、货源、车源等信息高效匹配，有效地降低货车空驶率，提高配送效率。

3. 加强农产品冷链物流体系建设

在冷库建设方面，要根据冷藏产品对温度和湿度的不同要求，分类分期进行更新和改造。冷链运输方面，加大政府财政对冷藏箱、冷藏车等物流运输设施的投入。在标准制定方面，要在仓储标准、运输标准、装卸搬运标准、流通加工标准、包装标准、配送标准和信息化技术标准等方面与国际标准接轨，使农产品冷链物流实现全过程的标准化。在完善冷链物流各环节的政府监管和行业自律建设方面，提高政府监管部门对生产、加工、配送、中转等流通环节的冷链信息采集和处理能力。充分发挥冷链物流行业组织和行业协会的监督作用。开发建设冷链物流质量追溯和温控监管平台，对冷链产、储存、运输、零售等各个环节进行监测。完善市场准入制度，强化政府的监管措施，提高政府和行业监管水平，使冷链物流处于国家、行业和公众的多重监督之下。在市场主体培育方面，引进全国性的龙头企业落户江西或在江西设立区域总部。通过参股控股、兼并重组、协作联盟等方式,支持省内冷链物流企业或有实力的机构,打造数家技术先进、主业突出、核心竞争力强的大型现代化冷链物流企业集团。四要推动农产品和农村流通新业态发展。大力推广"生产基地 + 中央厨房 + 餐饮门店"、"生产基地 + 加工企业 + 商超销售"等产销模式。加快建立健全适应农产品电商发展的标准体系,积极促进新型农业经营主体、加工流通企业与电商企业全面对接融合,线上线下互动发展。实施农村电子商务发展的试点建设,以点带面推广普及。

(六)促进农业绿色发展

1. 深入推进化肥"零增长"和农药减量工作

加快转变施肥方式,深入推进科学施肥,增加有机肥资源化利用,减少不合理化肥投入。夯实测土配方施肥基础,继续开展测土化验、肥效试验和化肥利用率田间试验。推动农企合作,科学制定大配方,推进配方肥落地。在农药减量方面,实施绿色防控替代化学防治行动,重点推广生态控制、生物防治、理化诱控、蜜蜂授粉等绿色增产技术和新型植保机械,扶持发展植保专业服务组织,推行统防统治与绿色防控融合。开展农民科学安全用药培训活动,加强技术指导,推广精准高效施药、轮换用药等科学用药技术,着力提升科学安全用药水平。开展农药包装废弃物回收情况监测调查,推进农药包装废弃物回收工作,因地制宜探索回收模式,划分生产企业、经营单位和使用者的回收义务。

2. 推动农业废弃物资源高效利用

加大畜禽养殖废弃物收运、处理、转化和利用体系建设。遵循种养结合、农牧循环原则,坚持畜牧业与种植业相结合、以养促种,使种养业在布局上相协调、资源化利用上相匹配。积极对接畜禽养殖专业户、规模养殖场生产需求,科学制定畜禽粪污收集、贮存、处理、加工、利用设施设备建设支持政策,加大规模化养殖场粪污处理设施装备支持力度,提高畜禽粪污处理配套率和综合利用能力,推进畜禽养殖粪污资源化利用。坚持因地制宜、分类治理原则,重点推广"粪污肥料化利用""粪污能源利用"模式,促进种养结合、资源循环利用;探索推进规模化、标准化、生态化"三化一体"融合发展模式;推进秸秆综合利用,重点实施秸秆科学还田、秸秆土壤改良、秸秆种养结合、秸秆清洁能源示范点建设和秸秆栽培食用菌、秸秆工农复合型利用示范工程。

3. 加强土壤重金属污染治理

从技术效果到技术机理,从应用方法到基础理论,从表观现象到作用机制,进一步加强土壤重金属污染的机理、机制研究。使污染治理技术工程化、市场化,使修复产品规模化,开展技术的多地示范与验证,建立技术标准规范。要因地制宜集成解决方案,如将钝化和植物阻隔技术相结合,超富集植物与经济作物相结合,钝化、叶面阻控与农艺措施相结合等。建立基于地理学的修复决策系统、空间数据挖掘及分析技术。

4. 加强美丽乡村建设,壮大乡村旅游业

充分发挥乡村文化、生态、旅游资源优势,以民俗文化为灵魂,以培育创建精品民宿、乡村旅游示范点、乡村旅游创客基地、乡村旅游景区景点、乡村旅游集聚区带、乡村旅游重点村等为抓手,全力推动乡村旅游由单一休闲向深度体验转变、由粗放经营向精细品质化管理转变、由数量规模型向质量效益型转变,推动乡村旅游特色化、品牌化发展。

(七) 推进农产品品质提升

1. 积极推行农业标准化生产

坚持绿色导向,瞄准市场需求,推动"三品一标"、名特优新、名牌农产品等农产品品牌认证数量稳定增长。鼓励龙头企业、行业协会、科研院所等积极参与国家、行业和地方标准制定、修订工作。开展标准实施示范,重点加强畜禽养殖废弃物资源化利用技术、绿色生态综合种养技术等一批先进实用技术的推广运用,确保农产品源头绿色生态。

2. 建立健全农产品质量安全追溯和应急体系

强化追溯体系建设。优化区农产品质量安全追溯管理信息平台建设与应用,实行区县、乡镇街道两级追溯管理。实施农产品质量安全保障工程,健全区、乡镇街道两级农产品质量安全监管服务机构,提升基层监管执法能力。加大对农产品质量安全违法行为的打击力度,推进种植业、养殖业、食用农产品质量安全执法专项行动常态化,深入开展农资打假专项整治行动。推行规模主体名录管理和网格化监管,将全区新型农业经营主体全部纳入监管名录管理。认真落实加强农产品质量安全执法工作的意见,加大执法办案考核和督察力度。加强农产品质量安全追溯管理平台建设,按照全国"一盘棋"的要求,以高风险农产品为重点,推广国家农产品追溯平台,推进县域农产品质量安全追溯与"身份证"管理体系建设。将全县市级以上农业产业化龙头企业和绿色、有机、地理标志认证农产品全部纳入"身份证"管理。扎实做好农产品"身份证"信息采录、赋码标识工作。实现了区域内"两品一标"农产品、市级以上农业产业化龙头企业生产经营主体纳入追溯网点、农产品赋码标识和可追溯管理。

3. 充分发挥资源优势,大力发展有机农业和富硒功能农业

委托富硒产业科研机构,结合全省富硒土壤资源禀赋和产业发展现状,加快编制省级富硒农业发展规划。有关涉硒市、县要因地制宜、分类施策,抓紧制定适合本地区乡村特色产业的富硒农业发展规划,明确发展目标和方向。整合全省资源,鼓励现有富硒科研机构联合国家有关科研机构、科技型龙头企业,组建富硒农业研究院。引导富硒农业主要富集区打造富硒研究科技创新平台,逐步构建富硒农业产业创新体系。支持各地围绕主要富硒农产品积极制定硒产品质量标准和技术规范,初步构建出富硒农业产业标准体系。大力推进富硒农产品检测认证,加快硒含量检测认证体系建设和完善,推动富硒农产品标准化生产。引导各地根据不同区域、不同产业的发展特点,因地制宜建设一批有规模、有标准的富硒水稻、富硒蔬菜、富硒中药材、富硒茶叶以及其他经济作物等种植类示范基地和富硒生猪、家禽、水产养殖示范基地。引导和培育一批富硒农业产业化龙头企业和农民合作社,以"龙头企业 + 合作社 + 农户"等方式强化利益联结机制,推动种养大户、家庭农场、农民合作社等各类经营主体参与富硒农业,实现小农户与富硒农业发展有机衔接,带动农民增收。鼓励企业通过

品牌策划、宣传推广、电商运营,打造富硒农产品品牌。将富硒品牌纳入"生态鄱阳湖、绿色农产品"品牌战略,利用央视、政府网站、官方微博、微信公众号等平台全方位推介江西富硒品牌。

(八) 推进农业信息化和机械化建设

1. 提升农业信息化水平

紧紧围绕农业供给侧结构性改革、农业高质量发展等,坚持需求导向、问题导向、应用导向,加快构建天空地一体化的农业数字资源体系,加快推进现有数据资源整合,尽快明确涉农数据权属,建立健全市场主体共享数据的相关机制。特别是对各级财政支持的各类农业项目,立项时可明确数据共享义务,验收时亦把数据共享作为前置条件。以重点农产品全产业链为主线建设"条数据",从生猪、水稻等重点品种入手,积极探索单品种全产业链大数据建设的路径、模式和可持续发展机制;以县域农产品生产基地和现代农业园区为单元,在国家农业农村地理信息平台的基础上建设"块数据"。条块结合,建立健全数据采集、分析、应用循环体系。积极探索农业大数据应用场景,与有关科研单位、大数据企业合作,打造内容丰富、模式多样、载体多元的信息服务产品。在相关核心关键技术攻关中,要对智慧农业技术研发予以重点支持,加大数字农业领域新技术新产品新模式的应用推广力度,尽快将农业传感器、智能装备等纳入农机购置补贴。布局建设一批农业大数据试点示范县和农业农村数字经济示范区,前瞻性探索5G技术在农业农村中的应用场景,在全国农产品质量安全示范县、一村一品示范村(镇)开展区块链技术应用试点,推动科技成果尽快转化为现实生产力。把传统农业的数字化改造作为农业数字经济发展的主阵地,打造数字农产品,提高农业附加值。深入挖掘农村在推进数字技术产业化方面的潜力,不断催生新业态新模式。创新发展农村电子商务,加快实施"互联网+"农产品出村进城工程,坚持以农产品电子商务为重点,大力发展内容电商、品质电商、社交电商、视频电商等。把政务、事务、商务信息系统资源整合共享作为"牛鼻子"工作,大力发展以数据为关键要素的农业生产性服务业。鼓励市场主体开发农民爱用、常用、易用、好用的手机 APP，让手机尽快成为广大农民的"新农具"。充分发挥 12316 平台服务作用，把信息进村入户作为推进"互联网 + 现代农业"发展的重要抓手，并加快信息基础设施建设，强化互联网与农业生产、经营、管理、服务和创业创新深度融合。

2. 提升农业机械化水平和推动农业装备制造业转型升级

持续优化农机购置补贴和报废更新政策，大力推广节能环保、精准高效机械的补贴力度。进一步加大植保、烘干、秸秆及畜禽粪污资源化利用等粮食生产关键环节的高性能机械本土化生产研发和新技术生产引进，突出发展农用无人机生产；结合农业结构调整，支持新型农机装备研发与制造，进一步加大薄弱环节如设施农业、秸秆综合利用、畜禽粪污资源化利用等机械的研发，推进农业机械化全面发展。开展农业急需农机化技术与装备的应用推广，加快机械化信息化融合，建设智慧农机示范基地。结合县市区工业园区建设，打造区域特色农机产业园区。大力推进粮食生产全程机械化托管服务。大力实施主要农作物生产全程机械化推进行动，率先在粮食生产功能区、现代农业示范区创建一批整体推进示范区。支持代耕代种、联耕联种、土地托管、跨区作业、订单作业等农机作业服务，促进小农户与现代农业发展有机衔接。鼓励农机服务主体与家庭农场、种植大户、普通农户及农业科技服务企业组建农业生产联合体，实现机具共享、互利共赢。严格落实高标准农田"宜机化"要求，积极推动农田地块小并大、短并长、陡变平、弯变直和互联互通，探索解决耕地"零碎化"难题。

（九）积极深化农业农村改革，构建现代农业经营体系

1. 深化农业农村体制改革

全面深化农村确权赋权活权改革，积极引导农民进行探索性示范试点，因地制宜，分类指导，重点抓好土地流转示范乡镇、示范村建设，坚持以点带面，推动土地流转。应依据各县、市（区）的产业特色，引导农

民向专业大户、家庭农场有偿转让土地使用权,壮大特色产业规模。从有关土地收入分配用于支农的财政资金中安排一定额度,设立土地流转专项基金,推行土地流转履约保证保险,建立健全农村土地流转风险保障机制。进一步完善和深化集体林权制度改革,落实公益林补偿收益权质押贷款政策,推行林地经营权流转证制度,引导林权规范有序流转,促进林地适度规模经营。加强集体资源性资产清查数据衔接,加快推进农村集体资产监督管理平台建设,全面总结清产核资工作经验和成效,开展集体经济试点示范,研究制定支持集体经济发展的税收政策,积极探索集体资产股份抵押担保办法。按照国家统一部署,制定集体经营性建设用地入市实施意见,支持村集体建设用地通过出让、租赁、作价入股等方式发展乡村产业。继续深化国有农场改革,探索集团化、企业化发展路径,加快公益类事业三场和农场土地管理制度改革,健全农场国有资产监管体制,进一步剥离国有农场办社会职能,积极建设现代农场。

2. 培育壮大新型农业经营主体

提高农户集约经营水平,扶持龙头企业、专业大户和家庭农场,发展多种形式的农民新型合作组织,在土地流转、财政税收、基础设施建设、金融政策等方面加大支持力度;构建农业社会化服务新机制,为农民提供全方位、低成本、便利、高效的生产经营服务;鼓励新型农业经营主体提升自身竞争力,因地制宜、大胆实践、大胆创新,强化多元融合发展,完善多模式利益分享机制;促进新型农业经营主体重视质量,提升品牌意识,培育农业品牌,叫响品牌农业,推进农业供给侧结构性改革,让消费者享受到更多、更好的优质农产品。实施新型农业经营主体培育工程,扶持一二三产业融合、适度规模经营多样、社会化服务支撑、与"互联网+"紧密结合的各类新型主体,更好地带动小农生产和现代农业发展有机衔接。开展新型主体带头人轮训计划,培养大批新型职业农民,促进农业农村创业创新和脱贫攻坚。落实财政扶持、税费减免、设施用地、电价优惠等政策,重点支持新型农业经营主体发展农产品加工,对深耕深松、机播机收、疫病防治等生产服务给予补助。支持开展农业设施设备抵押贷款和生产订单融资，推广大型农机设备融资租赁。推动省级农业信贷担保公司向市县延伸。加大政策扶持，积极培育主体多元、形式多样、内容广泛的专业性社会化服务组织，采用合作式、订单式、托管式等模式，开展农资供应、农机作业、病虫害统防统治、粮食烘干、沼液配送、动物诊疗和产品营销等，为农业发展提供多样化、专业化、全程化服务。

3. 优化农业经营机制

着力打造"政府支持引导 + 企业全面参与 + 合作社组织管理 + 农户主动配合"的模式，鼓励、引导新型农业经营主体，通过产业托管、土地流转、劳务打工、入股分红、技术服务等方式实现农业规模化、集约化。支持新型农业经营主体通过"保护价收购 + 利润返还或二次结算"等方式，与农户建立稳定的合作发展关系。支持农户将承包土地经营权、集体林权、水域滩涂养殖权等产权入股参与农业产业化经营，实行"租金保底 + 股份分红"等方式的收益分配机制，让农户更多分享产业增值收益。鼓励村集体牵头组建土地股份专业合作社，引导农民以土地承包经营权等入股合作社，切实保障农民土地入股收益。

五、主攻领域

统筹考虑江西的农业生态条件、区位条件、现代农业发展现状等方面因素，江西应立足现有基础和条件，根据产业发展方向和重点环节，坚持错位发展、分类指导，构建现代农业产业体系。主攻产业主要有以下三个方面：

（一）提升发展水稻、生猪、肉牛肉羊、棉花、家禽五大传统农业

对水稻、生猪、肉牛肉羊、棉花、家禽五大传统农业集中力量加快产

业转型升级，促进生产方式现代化，进一步壮大产业优势，实现提质增效。

1. 推动水稻向高产高效集成技术模式转型

落实最严格的耕地保护制度，建立一批粮食生产功能区。大规模推进土地整治、中低产田改造和高标准绿色生态农田建设，深入开展粮食高产创建和绿色增产模式攻关。加快推动水稻生产向绿色化、集约化的方向转型发展，支持种养结合模式，推广稻鱼模式。依托资源优势，大力发展机特优质大米、富硒功能大米等特色产品，提高大米精深加工水平，使"好米"成为"名米"。大力扶持大米精深加工，延长大米产业链，提升价值链，提高大米制品市场竞争力；深入挖掘和弘扬稻作文化等乡村传统文化，积极发展乡村旅游和休闲农业，促进水稻产业由传统生产型向现代一二三产业融合发展转型。

2. 促进生猪养殖标准化

建设现代生猪种业，深入实施生猪遗传改良计划。推动以赣中片和京九、浙赣沿线等"一片两线"等为重点的生猪生产基地建设，启动标准化改造，加快发展标准化规模养殖，加快养殖废弃物处理、非洲猪瘟疫情防控以及病死猪无害化处理设施建设，推动自动喂养、环境控制等现代化设施设备广泛应用，逐步解决千家万户养猪小规模、易污染的模式。推行"猪沼果"等生态养殖模式，发展生猪标准化规模养殖，以生猪养殖大县为重点，启动畜牧业绿色发展示范县创建活动。推进废弃物综合利用和无害化处理，促进生猪生产与环境保护协调发展。构建从养殖到屠宰全链条信息化管理体系，实施"互联网＋生猪"发展战略，促进产业融合发展。到2025年，全省粪污资源化处理率达到90%以上，猪肉产量达326万吨。

3. 加快肉牛肉羊良种化进程

大力发展肉牛肉羊适度规模养殖，建设标准化养殖小区，支持龙头企业、合作社、养殖大户发展母畜养殖，大力支持宜春片、吉安片优势肉牛生产基地和赣西北、赣东肉羊生产基地及赣南部分肉羊重点县的发展，着力从养殖、加工、销售环节一体化突破，转变产业发展方式。推进肉牛、肉羊、奶牛优良品种的引进、繁育和推广工作，重点引进良种母畜，大力推广应用胚胎移植、性别控制等现代繁育技术，打造优质良种繁育示范基地。研究推进"企业＋农户"的肉牛肉羊繁育推广体系建设，通过利益联结，带动农民养殖优质肉牛、肉羊和奶牛。

4. 大力发展中高端品质棉

优化棉花产能合理布局，逐步改善加工流通业产能过剩的局面，淘汰落后产能。加快提升棉花品质，着力从种子挑选、栽培模式、棉花加工和运输等方面综合改进，全面提升遗传品质、生产品质、轧花品质、品质检验，推动棉花生产由重数量向重质量转变。以赣北棉花核心区为重点，大力发展"中高端品质棉"生产，选育和种植"中高端品质"品种，提升棉花耕种收机械化水平，建立棉花生产保护区，强化棉花中高端品牌建设，重点推动一批区域品牌和棉花加工企业品牌。应用提质增效技术，提升中高端棉的产出率，应用"互联网＋"技术，促进棉花一二三产业的融合发展。

5. 提升家禽养殖标准化水平

推进家禽标准化规模养殖，加强养殖场基础设施改造，配套完善规模养殖场粪污贮存处理设施建设，提升规模养殖标准化水平。健全相关标准体系，推进水禽养殖标准化和优质化，扩大蛋鸭笼养和肉鸭旱养规模，推动沿赣江和环鄱阳湖水禽产业高质量发展，打造全国优质水禽供给和屠宰加工基地。以优质地方肉鸡、蛋鸡优势产区、"沿江环湖"水禽优势县等重点区域为核心，建设一批家禽屠宰加工线、禽蛋加工线、产品专业批发市场，提升产业标准化规模化水平。

（二）加快发展蔬菜、水果、花卉苗木、茶叶四大特色农业

对蔬菜、水果、花卉、茶叶这四大特色农业，立足区域产业特色，充分释放资源潜力，发挥市场力量，推动产业品牌快速壮大，进一步彰显江西特色。

1. 高标准建设特色标准化蔬菜基地

推进蔬菜生产标准化和产品标准化，重点以环南昌优质蔬菜产业区、

大广高速沿线优质蔬菜产业带和济广高速沿线优质蔬菜产业带为核心,围绕规模化种植、标准化生产、商品化处理、品牌化销售、产业化经营的"五化"建设标准,高标准建设优质高产、无公害、标准化的蔬菜基地和出口蔬菜基地,推进蔬菜生产提质增效,稳步扩大地方特色蔬菜产业。对蔬菜基地全面实施土壤改良、道路硬化、排水和节水灌溉工程建设改造,提高基地的综合生产能力。着力推动油菜高产示范片建设,重点以赣北油菜高产区、京九铁路沿线油菜长廊等"一区两廊"油菜主产区为核心,大力发展"双低"油菜,因地制宜扩大油菜种植面积,组织开展科技增产攻关,集成成熟技术、创新栽培模式。

2. 推行特色水果标准化生产

重点打造赣南脐橙、南丰蜜橘、新余蜜橘、赣中甜柚等柑橘产业带,加快发展早熟梨、猕猴桃、葡萄等特色水果产区,着力培育蓝莓、火龙果等新型特色水果示范基地。加强脐橙、柑橘等特色水果贮藏保鲜技术研发推广,重点建设冷链物流设施,规范果品流通行业管理,创新果品经营模式。整合全省水果资源,完善果品经营市场和水果电商经营网络平台,推进柑橘、脐橙等水果"农超对接"和"农社对接",扩大特色水果在电子商务平台线上营销业务,着力打造"互联网 + 江西果品"特色流通生态体系,努力将江西果品打造成千亿产业。

3. 促进花卉苗木走"精致农业"发展道路

按照"品种特色化,布局区域化,产业规模化,生产标准化,服务社会化"的发展思路,加快建设苗木花卉基地建设,打造一批全省一流的花卉苗木优势产区。鼓励龙头企业建立研发中心,自主研发新品种,改进培育技术,创建苗木花卉特色品牌。加快建立区域性苗木花卉大市场,加强市场仓储、物流和信息网络等基础设施建设,增强市场配套服务功能,形成布局合理、设施完备、批发与零售相配套的花卉苗木流通网络。结合打造"千亿"苗木花卉产业目标,大力推行"公司 + 基地 + 农户"模式,建设产业科技支撑体系,延长产业链,增加附加值,推动全省苗木花卉产业走"精致农业"发展道路。

4. 大力发展有机优质名优茶和特色茶

依托赣东北、赣西北、赣中南三大茶业发展优势区，大力发展有机优质名优茶、特色茶和功能茶等产品类型，突出市场导向，发展有机优质名优茶和特色茶，扩大有机红绿茶出口。依托互联网技术，进一步完善茶叶生产、加工、品种研发和市场营销等全产业链的信息化改造，在逐步实现茶叶品种良种化、种植规模化、加工企业现代化、生产标准化和销售品牌化的同时，提升产业经营效率。加大品牌、产业的整合宣传力度，实施以"生态鄱阳湖、绿色农产品"为主题的品牌战略，提升茶叶商品的品牌价值。组建茶叶集团、茶叶合作社，加大政府扶持力度，对全省茶叶品牌进行财政、人才和技术等方面持续扶持，重点支持"四绿一红"（四绿即狗牯脑、婺源绿茶、庐山云雾、浮梁茶，一红即宁红茶）品牌建设，做优、做强、做大江西茶产业。力争通过五年努力，打造1～3个全国茶叶知名品牌。

（三）稳步发展中药材、淡水养殖、休闲农业三大新兴农业

对中药材、淡水养殖、农业服务业、休闲农业四大新兴发展农业，以适度规模经营为核心，大力发挥科技支撑作用，完善市场体系，促进产业发展多元化、高效化、节约化。

1. 大力扶持中药材种植加工

扩大中药材种植规模，恢复赣中赣北核心产区道地中药材生产，扶持一批中药原研产品、首仿品种、中药保护品种等中药特色品种，把中药材种植作为产业扶贫、精准扶贫的重要内容。推动中医药现代化，提升中医药产业加工水平，以江西道地药材为重点，支持樟树等地创建中医药振兴发展试验区，建设全国中药饮片生产和流通基地，加快建设中药特色产业园区和中药产业基地，培育现代化中药制造企业。推动中药材走出去，实施"热敏灸"等海外发展计划，发展电子商务新业态，积极发展"互联网＋中医药"，鼓励互联网企业与中医药机构合作。

2. 促进淡水养殖产业化

培育大宗淡水鱼、特色渔业和外向型渔业三大产业，重点强化青、

草、鲢、鳙、鲤、鲫、鳊等大宗淡水鱼的养殖与产业开发,形成产业集群,做大水生野生动物产业,重点发展大鲵(娃娃鱼)、棘胸蛙、鲟鱼和胭脂鱼,加快发展特色鳗鱼、特色龟鳖、特色珍珠及珍珠核、特色鳅鳝、特色山区经济鱼等特色渔业。以环鄱阳湖区和赣中湖库聚集区渔业生产基地为重点,促进渔业朝着绿色化、生态化、标准化的方向发展,推进大宗淡水鱼深加工与出口水产品加工基建设。推进主要水产品和特色水产品及其加工产品生产,提高水产品加工高和附加值水平。大力实施品牌建设战略,重点做大做强鄱阳湖品牌,对外实施高端品牌建设和扩大水产品深加工产品贸易量的战略。重点建设若干个大宗淡水鱼深加工与出口水产品加工基地,大力发展"一大十特"水产品及其加工制品的生产,推进"一条鱼一个产业"的发展,促进渔业产业集群发展。

3. 提升休闲农业发展水平

在土地政策、资金投入、人才培育等方面采取有效措施,整合乡村休闲资源,初步形成了以农家乐为基础、休闲农庄为主体,农业观光采摘园和民宿民居经营者、农业科技体验园等新型经营主体。引入资金、人才、管理等更具现代市场营销理念的社会力量,形成以农民为主体、企业带动和社会参与相结合的休闲农业发展格局。优化农民创业环境,通过农民自组织、自激励、自就业的创业模式,培育创办领办休闲农业致富带头人;引导中介组织搞好服务;引进社会资本,多项措施吸引大批农业产业化龙头企业、工商企业、旅游企业投资开发休闲农业项目。研究制定休闲农业用地细则,试行休闲农业点状供地政策,破解用地"瓶颈";鼓励成立休闲农业发展投资基金,探索发行休闲农业发展专项债券和保险产品,解决休闲农业经营主体融资难问题;出台休闲农业人才引进和培训奖补政策,吸引经营管理人才投身休闲农业,提高经营主体经营能力和水平,解决人才缺乏困难。着重推广以农家乐为主题的综合体验模式、以自然生态为主题的康养模式、以农耕文化为主题的民俗旅游模式和以农事教育为主题的科普教育模式等模式。创建示范典型、加大创意设计、加强品牌宣传推介等多种方式,引导市民乡村休闲消费习惯,培育休闲农业市场。要利用技术的进步包括信息化的技术，改造提升休闲农业和乡村旅游产业。提升农家乐、采摘垂钓等传统业态，发展休闲农庄、精品民宿等高端业态，探索亲子研学、健康养生等新型业态。至 2025 年，创建省级休闲农业示范县 40 个，培育示范点 500 个，规模以上休闲农业园区 1000 个，农家乐 4 万家。

第七章
"十四五"时期江西现代农业强省
建设的空间布局和重点工程

统筹考虑各地区的农业生态条件、产业发展现状和交通条件等因素，对接相关规划，因地制宜地划分区域发展梯次，将江西现代农业强省建设的任务落实到优先发展区域、重点推进区域和高效生态区域三个梯度上，以更好地发挥区域发展优势，实现资源和要素在空间上的高效配置。

一、空间布局

（一）优先发展区域

鄱阳湖平原主产区、赣抚平原主产区、吉泰盆地主产区、赣南丘陵盆地主产区四个主要区域具有农业生态条件良好、农业技术基础较好，发展效益较高等特点，是我国粮食主产区和油菜、柑橘、生猪、水产等其他农产品主产区，可以在现代农业强省建设中实现突破发展。

1. 粮食主产区

以确保水稻口粮生产为目标，加强62个水稻生产优势县的农田水利化、机械化等生产条件建设，提高水稻单产水平，全面提升水稻综合生产能力。延伸粮食生产的产业链条，推动粮食加工业深度发展，提升产品附加值，积极发展仓储物流业，打造高效协同的供应链，实现粮食生产加工的规模集约化，提高粮食生产综合效益。着重促进南昌县、上高、丰城、樟树、新干、吉水、宁都、新余高新区、月湖区水稻种植加工9个水稻产业集群以及万年贡米产业集群的发展。

2. 其他主要农产品优势区

促进柑橘、生猪、出口水产品等全国主要农产品优势区进一步发展。打造以信丰县、寻乌县、安远县等为主要区域赣南脐橙产业发展优势区，青原区、吉水县、万安县等吉安市井冈蜜柚产业发展优势区，南丰县、南城县、临川区等南丰蜜橘产业发展优势区产业集群，促进柑橘产业进一步发展；重点打造南昌市、赣中（高安市、上高县、袁州区、丰城市、樟树市、新干县）、万年东乡余江、赣南（信丰县、南康区、定南县、赣县、兴国县）生猪以及安福火腿加工5个产业集群，促进生猪养殖和加工业提质增效；打造南丰甲鱼、进贤军山湖河蟹、宜春（袁州区、铜鼓县、宜丰县）棘胸蛙、瑞金鳗鱼、南昌市小龙虾、鄱阳湖区大宗淡水鱼、万年无核珍珠、都昌珍珠贝类加工、彭泽县彭泽鲫、宁都水产种苗、上饶市淡水鱼糜加工及制品11个产业集群，加快现代养殖业发展，强化出口水产品生产基地功能。

（二）重点推进区域

城镇化地区具有良好的交通条件、资本、技术等优势，适合系统推进现代农业的集约化和绿色化。

1. 先导农业区

以标准化、绿色化、科技化、特色化为导向，建设现代农业示范园区，在园区内深入推进农产品生产加工标准制定工作、生产技术绿色化改造工作以及农业科技深度应用工作，打造资本、技术、土地高度密集的特色农业集群。

2. 功能农业区

在蔬菜产业发展方面，以工业化、城镇化和信息化发展较好的南昌、九江、吉安、赣州、新余、宜春、鹰潭等城市郊区为重点,以提高大城市蔬菜供应保量提质增效为目标,着力打造环南昌(高安市、南昌县、新建县、安义县、永修县、余干县等)、乐平以及永丰蔬菜3个产业集群,大力发展蔬菜、水果、畜禽和水产等产业。在肉类产业发展方面,合理布局以高安市、上高县、渝水区、吉州区、吉安县、安福县、永新县、泰和县、永丰县、鄱阳县、余干县、永修县12个县(市、区)为重点的肉牛产业和以修水县、武宁县、瑞昌市、上栗县、湘东区、芦溪县、宜丰县、万载县、铜鼓县、广丰县10个县(市、区)为重点的肉羊产业。在充分保障城市农副食品供应的基础上充分挖掘乡村的文化价值和生态价值,将城乡结合地区打造为休闲农业发展的重要载体。

3. 规模化农业区

以水稻主产区(共青、恒湖、五星、饶丰、乐丰、鸦鹊湖、康山、铁河、云山、信丰、恒丰等)、十万头以上生猪养殖区(上十岭、梅岩、刘家站、红星等)、经济开发区(共青、大茅山、云山、红星、桑海、茅山头、罗家、梅岩)以及井冈山垦殖场、庐山垦殖场、共青垦殖场、铜钹山垦殖场、武夷山垦殖场、九连山垦殖场、云山垦殖场等多个旅游风景区为重点,以标准化、科技化、机械化、规模化、品牌化为导向,发挥好示范和带动效应。

(三)高效生态农业区

1. 在优质粮油方面

围绕巩固全国粮食主产区地区,结合国家优质粮食产业工程标准粮田建设、国家中低产田改造工程,以水稻优势区域为主抓基地,重点发展鄱阳湖粮产区、赣抚平原粮产区、吉泰盆地粮产区、赣西粮食高产片等"三区一片"粮食生产核心区,突出打造一批粮食生产大县,带动其他县(市、区)粮食生产。积极扩大种植面积,大力推广优质良种,着力提高油菜单产和品质,打造赣北油菜高产区、京九铁路沿线油菜长廊以及浙赣铁路沿线油菜长廊等"一区两廊"主产区,辐射带动全省油料生产发展。

2. 在高效经济作物种植方面

根据区域优势重点扶持果蔬、茶叶、棉花、花卉、中药材等产业优先发展，尽快形成品系化、规模化、特色化、优质化的高效经济作物种植区。大力发展环南昌优质蔬菜产业区、大广高速沿线优质蔬菜产业带、济广高速沿线优质蔬菜产业带及沪昆高速沿线优质蔬菜产业带，做大做强以"脐橙、蜜橘、甜柚"等柑橘为主的优势产区，加快发展早熟梨、猕猴桃、葡萄等特色水果产区。以发展有机优质名优茶和特色茶为重点，建设赣东北茶区、赣西北茶区、赣中南三大茶区，重点支持"四绿一红"品牌建设。突出抓好鄱阳湖棉花核心区和赣中棉花延伸区，发展以修水为主的赣西蚕区和以永新、东乡、乐安为主的赣中蚕区，以分宜、宜春为主的赣西麻区和以瑞昌为主的赣北麻区。大力发展中心城市周边为主的园林绿化苗木和草坪、地被植物，城市周边、县城、乡镇的盆花、花坛草皮基地。恢复赣中赣北核心产区道地中药材生产，重点建设抚州、吉安、九江、宜春4个十万亩主产市，金溪、临川、广昌、宜黄、新干、泰和、湖口、修水、武宁、樟树、德兴等万亩主产县（市）。在畜禽水产生态养殖方面。根据"五河一湖"流域水环境综合治理和生态文明先行示范区建设的目标要求，进一步细化禁养区、限养区、养殖区的区域划分和界限，并以此为依据，对畜禽、水产养殖进行合理布局，建成一批优质高产高效畜禽、水产品生产基地，减少畜禽粪便、养殖污水的排放。畜牧养殖重点建设以赣中片和京九、浙赣线为重点的生猪产业生态化、规模化养殖带，大力发展宜春片、吉安片优势肉牛生产基地和赣中、赣南优质奶源基地，兼顾发展赣西和赣北等肉羊养殖基地，限制重污染畜种的发展。家禽养殖重点发展泰和乌鸡、宁都黄鸡、崇仁麻鸡等优质地方肉鸡和南昌、抚州等蛋鸡优势产区，建设沿赣江、抚河水禽优势带和环鄱阳湖水禽优势区；水产养殖业重点发展环鄱阳湖区和赣中湖库聚集区大宗淡水鱼产业，大力发展以环鄱阳湖区为重点的特种水产生态化养殖。

3. 在林业经济发展方面

结合江西独特地形地貌和区域林业发展特点，以东、南、西三面环山地势和中北部湖滨平原腹地为总体布局,遵照"林纸一体化、林板一体化、林化一体化"的产业发展布局,实施低碳林业造林工程,加快建设速丰林基地,发展生态型、环保型、科技型林产工业,形成资源培育与加工利用相结合的林业产业带。加快建设以袁州、渝水、分宜、上饶、德兴、遂川、永丰、兴国、上栗等为重点的油茶丰产林基地,在赣东北、赣西北、赣南建立一批家具生产集聚区,发展南昌市郊花坛草皮基地、宜春花木基地和京九沿线花卉苗木基地。在休闲观光农业示范区发展方面。依托特色种植业、养殖业的产业基础,大力发展果蔬采摘、休闲垂钓、农事体验、水上活动等近郊型观光农业,加快培育一批经营特色化、管理规范化、服务标准化的休闲农业示范点,重点发展各类休闲农庄和农业观光采摘园,打造一批集农业生产、农耕体验、文化娱乐、科普教育、生态环保、加工销售于一体的休闲农业园区。地处城镇周边的乡村,利用其交通便利条件,发展一批各具特色、品牌价值高、内涵丰富的休闲观光农业功能集聚区。重点建设南昌、赣州、上饶、宜春、吉安、抚州等一批现代农业示范园区,大力推进休闲农业、旅游农业的发展;依托信丰脐橙节、南丰蜜橘节、樟树药材节等,大力发展民俗风情观光农业。

二、重点工程

在以上分析的基础上,本部分提出对推动江西现代农业发展具有引领性、示范性和可操作性的建设工程和配套项目,为促进"十四五"时期江西现代农业快速发展提供强有力地支撑(见表7-1)。

表7-1 "十四五"时期江西现代农业强省重点工程支撑项目一览

工程名称	支撑项目	建设重点
高标准绿色生态农田建设工程	要素保障	全方位支持农业龙头企业、农民合作组织等新型农业经营主体和社会组织参与高标准绿色生态农田建设和验收
	耕作层保护	加强高标准农田土壤改良,提高有机质含量,防范城乡废弃物和污水流入农田
	湿地保护	充分发挥生态塘堰湿地对调节水分和净化水体的重要作用,因地制宜对现有池塘、洼地、堰或地势低的稻田区域加以利用
	水系保护	避免对排水沟的过度硬化,切实保护农田生态系统的生物多样性
	山地保护	不得以片面追求新增耕地率为目的,未经林业等有关行政主管部门审批同意,毁林开垦
	林网建护	按照一定规模的项目区,沿机耕道、主干沟渠等处选择适宜树种,合理布置林网,拓展农田生态系统的垂直空间,优化农田生态系统结构,增强农田生态系统功能
现代农业园区建设工程	"百县百园"建设	实现每个农业县至少建设1个现代农业示范园的发展目标,形成以国家级现代农业示范园区为引领、省级示范园区为支撑、市县园区为依托的现代农业示范园发展格局
	技术提升和创新驱动	提升现代农业的科技含量和发展效益,充分发挥龙头企业、高校和科研院所的创新优势,加大农业科研的政策性投入和科研单位自身投入
	现代农业示范园区扩容	促进农业龙头企业、新型农业经营主体、金融机构加速向园区集中
	体制机制改革	整合涉农财政资金,撬动更多金融资本和社会资本投入农业园区建设

续表

工程名称	支撑项目	建设重点
现代农业科技推广工程	农技推广服务体系优化	构建以公益性推广服务机构为主体、经营性服务为补充、高校科研院所积极参与的农技推广服务体系
	农技推广服务	鼓励农业科研人员、农技推广人员通过下乡指导、技术培训、定向帮扶等方式向小农户示范推广农业适用性技术
	现代种业培育	构建以市场为导向、企业为主体、产学研协同的种业创新体系
绿色低碳循环农业工程	化肥农药减量增效	集中组织技术专家传授选肥、购肥、用肥方法,提升土壤蓄肥能力实现农作物病虫害全程绿色防控技术模式的规范化作业、规模化实施和标准化应用
	农村废弃物资源循环利用	鼓励养殖户利用农作物秸秆发展牛羊等草食畜牧业生产;积极推广带穗青贮、添加剂青贮和秸秆压块打捆等先进技术,提高秸秆饲料化利用率;建立健全区级、乡镇和村级三级废旧地膜回收机制
农产品品牌创建工程	区域公用品牌创建	加强绿色食品、有机农产品、地理标志农产品认证和管理,提升品牌农业建设保障能力
	区域品牌影响力提升	积极组织企业和新型农业经营主体参加国家、省市举办的各类大型优质农产品展销会、农民丰收节、农博会、评奖评优活动等活动
农业机械化和数字农业建设工程	农业机械化提升	持续加快机械化信息化融合,支持建设智慧农机示范场等智慧农机示范基地,抢占农机化发展制高点
	数字农业建设	抓住5G、人工智能、工业互联网、物联网等"新基建"提速的契机,顺应农业供给侧结构性改革方向,加强新型基础设施在农村地区的布局
农产品质量安全保障工程	农产品生产标准化	支持高等院校、新型农业化经营主体、政府质检部门等广泛参与农业生产标准制定,进一步完善农业标准体系
	农产品质量检测能力强化	围绕重点行业、重点经营主体、重点区域和重点节日开展专项检查,对主要农产品抽检实现全覆盖
	农产品全程可追溯能力提升	率先对国家和省级重点龙头企业以及绿色食品、有机农产品、地理标志农产品等规模化生产经营主体及其产品实行可追溯管理,树立一批追溯示范标杆企业

工程名称	支撑项目	建设重点
农村实用人才培育工程	农村实用人才数据库构建	按照村级调查摸底、乡镇核实推荐、县级审核认定的步骤,对全县农村实用人才摸底筛选登记,分类建档,进行动态管理
	农村实用人才培训	实施种养大户、家庭农场主、合作社负责人等新型农业经营主体的技能培训
	农业后继者培养	鼓励和支持高校毕业生和农业科技人员投身农业,培养新型职业农民

（一）高标准绿色生态农田建设工程

1. 实施要素保障工程

加强规划引领,着重在粮食生产功能区和重要农产品保护区建设高标准绿色生态农田。统筹利用好各级财政资金,撬动更多的社会资本投入。从政策、技术、资金等方面全方位支持农业龙头企业、农民合作组织等新型农业经营主体和社会组织参与高标准绿色生态农田建设和验收。

2. 实施耕作层保护工程

认真落实耕作层表土剥离、回填操作程序,同时,加强高标准农田土壤改良,提高有机质含量,防范城乡废弃物和污水流入农田,造成高标准农田环境污染。

3. 实施湿地保护工程

充分发挥生态塘堰湿地对调节水分和净化水体的重要作用,因地制宜对现有池塘、洼地、堰或地势低的稻田区域加以利用,不得随意填埋。鼓励结合产业结构调整,适当兼顾水产养殖、水生植物种植,如荷花、茭白、芡实等水生作物种植。

4. 实施水系保护工程

避免对排水沟的过度硬化,切实保护农田生态系统的生物多样性,不得为片面追求高标准农田连片效果对现有河道进行裁弯取直,切实防患改道引发的水土流失等生态风险。对易塌陷、易冲刷的排水沟可采取生态衬砌方式进行加固,对渠系压顶可回填熟土种植适宜花草或作物,绿化美化田园环境。

5. 实施山地保护工程

不得以片面追求新增耕地率为目的,未经林业等有关行政主管部门审批同意,毁林开垦,尤其是挖占退耕还林区建设高标准农田,或在地面坡度大于25度的山地上建设高标准农田。

6. 实施林网建护工程

各地要结合高标准农田建设,按照一定规模的项目区,沿机耕道、主干沟渠等处选择适宜树种,合理布置林网,拓展农田生态系统的垂直空间,优化农田生态系统结构,增强农田生态系统功能。到2025年,争取高标准绿色生态农田面积达到3500万亩左右。

(二)现代农业示范园区建设工程

1. 深入实施"百县百园"建设工程

依托县域农业生态环境、产业发展基础和交通条件,建设特色农产品产业园,实现每个农业县至少建设一个现代农业示范园的发展目标,形成以国家级现代农业示范园区为引领、省级示范园区为支撑、市县园区为依托的现代农业示范园发展格局。通过利用产业园平台,高效组织农产品种养、加工、检测、销售等产业环节,对接国家标准和相关的行业标准,突出地方特色标准,加快建设农产品标准化示范园区,大力提高农产品质量安全水平和管理水平,实现县域农业的标准化、特色化、品牌化发展,形成优势互补、错位发展、集约发展的县域农业发展格局。

2. 实施现代农业示范园区技术提升和创新驱动工程

深入实施互联网赋能行动,加强移动互联网、大数据、地理信息系统、云计算、物联网、5G等新一代信息技术与现代农业生产、加工、检测检验和销售的融合发展,提升现代农业的科技含量和发展效益。充分发挥龙头企业、高校和科研院所的创新优势,加大农业科研的政策性投入和科研单位自身投入,突破关键共性技术的制约,释放农业生产潜力和经营效率。加大力度引进农业领域高层次复合型人才,持续优化创新环境。完善职业农民培训长效的机制,夯实农业科技运用基础。

3. 深入实施园区扩容工程

以延长产业链、提升价值链为突破点,综合运用市场和政府两种手段,促进农业龙头企业、新型农业经营主体、金融机构加速向园区集中,实现资本、技术、人才的高度集中,为园区的集约化发展创造条件。

4. 实施体制机制改革工程

构建动态的园区发展机制,适当提升入园标准,实行优奖劣汰的动态管理。继续深化农村土地制度改革,优化土地资源配置,提高农业园区建设用地效率。整合涉农财政资金,撬动更多金融资本和社会资本投入农业园区建设。到2025年,争取建成150个覆盖不同产业类型、不同地域特色、不同发展层次的现代农业示范园区。

(三)现代农业科技创新和科技推广工程

1. 实施农技推广服务体系优化工程

构建以公益性推广服务机构为主体、经营性服务为补充、高校科研院所积极参与的农技推广服务体系,加快促进公益性农技推广机构与经营性服务组织融合发展,分工协作,形成"一主多元"融合发展的农技推广新格局。基层农技推广机构设置要因地制宜、分类指导,根据地方农业资环条件、产业特色、生产规模、区域布局及农业技术推广工作需要,既可以按行业(专业)设置,也可综合设置;既可以按乡镇设置,也可按区域设置,还可以县乡一体设置,实现职能拓展与体系创新的有机结合。

2. 实施农技推广服务工程

鼓励农业科研人员、农技推广人员通过下乡指导、技术培训、定向帮扶等方式向小农户示范推广农业适用性技术,支持农技推广人员与新型经营主体开展技术合作。借鉴河南、山东等省在农技推广中建立"专家+农技人员+科技示范户+辐射带动户"的技术服务模式,在实战中培育农技人才，健全基层农业科技试验、示范网络，带动周边农户提高生产技能，提高农技推广服务的成果普及率。围绕农业发展需求在重点领域展开技术推广与应用，为农户提供农业产前、产中、产后的农技推广服务。为适应民众消费结构升级，加快开展在农产品多样性和质量品质提升、农业生态环保等方面实用性技术推广。

3. 实施现代种业培育工程

编制种质资源保护和利用规划，建立省级农业种质资源保护体系，完善农业种质资源保护名录，确定农业种质资源保护责任单位。实施种业品种权保护及创新环境优化工程，提升品种测试能力，对推广品种的种性变化开展跟踪调查和风险评估；设立种子市场信息监测点，采集上报种子市场信息；构建以市场为导向、企业为主体、产学研协同的种业创新体系。建设农作物分子育种创新服务平台，支持农作物与畜禽水产育繁推一体化示范项目。积极推动种业制种保险、信贷支持等政策落实，支持现代种业发展基金发挥政策导向作用，引导企业做大做强、做专做精。加强和规范农作物种质资源合作交流管理，优化种子种苗、种畜禽进出口管理，强化与植物检疫机关、海关沟通联系，畅通种质资源和品种引进渠道。

（四）绿色低碳循环农业建设工程

1. 实施化肥农药减量增效工程

组织种植大户、园区、合作社等成员开展宣传培训，将不同作物施肥量、种植时间及田间管理办法发放到每一户，提高农民对化肥减量增效有机肥替代化肥技术的掌握程度和应用水平，结合农牧民教育培训工作，举办化肥农药减量增效技术"特殊"培训班，将有机肥替代化肥的科学施用方法教给广大群众。改进耕作方式，以"有机肥＋有机叶面肥""有机肥＋有机叶面肥＋水肥""农家肥＋有机叶面肥＋水肥"等多样化施肥模式提高土壤蓄水性能。集中组织技术专家传授选肥、购肥、用肥方法，加强田间管理、浇水、适当早施追肥，提高作物抗病虫害能力，提升土壤蓄肥能力。引导企业建立有机肥直销体系，提高有机肥施肥技术入户率和覆盖率。大力培育农作物病虫害专业性服务主体,推进绿色植保模式。把专业化统防统治的病虫害防控组织方式与绿色防控的技术措施与体系集成融合为一系列综合配套的社会化服务模式,实现农作物病虫害全程绿色防控技术模式的规范化作业、规模化实施和标准化应用,有效提升病虫害绿色防控的社会组织化程度和科学化水平,促进农业稳定增产、节本增效和绿色可持续发展。

2. 实施农村废弃物资源循环利用工程

加快养殖场污染治理设施建设、推广种养结合模式、实施规模化生物天然气示范项目。按照综合环境承载能力及畜禽养殖污染防治要求,划定了养殖区域,推行种养结合,引导畜禽粪便无害化还田利用。着重推广以养殖场为中心的"猪—沼—作物"小循环模式,即让所产沼液通过管网直接输送至周边作物,就地消纳沼液。以有机肥厂为中介的"养猪场—猪粪+废弃菌棒—有机肥—作物"中循环模式,让养猪场产生的猪粪和食用菌基地产生的废弃菌棒通过有机肥厂进行回收综合利用。鼓励大型畜禽养殖场(区)建设大型沼气和生物天然气设施。通过实施"粮改饲"试点工作,以订单生产为主要方式,扶持以全株玉米青贮为重点的青贮饲料生产,鼓励养殖户利用农作物秸秆发展牛羊等草食畜牧业生产,在牛羊集中养殖区加大秸秆转化饲料的利用力度。认真抓好国家级秸秆养畜示范县和青贮玉米推广示范项目建设,积极推广带穗青贮、添加剂青贮和秸秆压块打捆等先进技术,提高秸秆饲料化利用率。按照政府扶持引导、企业市场化运作、农民积极参与、资源循环利用的工作思路,有效提高废旧农膜回收利用率。建立健全区级、乡镇和村级三级废旧地膜回收机制,打造专业化回收网点,采取"以旧换新""以奖代补"和新技术利用等措施,全力抓好废旧地膜回收工作。

(五)农产品品牌创建工程

1. 实施区域公用品牌创建工程

深入实施绿色兴农、质量兴农、品牌强农,强化全过程农产品质量安全和食品安全监管,加强绿色食品、有机农产品、地理标志农产品认证和管理,提升品牌农业建设保障能力。鼓励具有特色的、发展潜力的农产品生产企业、合作组织、家庭农场申报绿色食品、有机产品,有条件的组织申报地理标志证明商标,打造一批知名品牌。联合质检部门加强农产品区域公用品牌的标准化体系建设、产品质量安全溯源平台打造以及食品包装材料认证、食用农产品检测、跟踪服务指导等质量技术服务,全面提升品牌农产品的公信力、竞争力和影响力。对外积极宣传"生态鄱阳湖·绿色农产品"品牌,对内积极鼓励农业企业、农民专业合作社等主体参加品牌农产品营销服务,完善产业布局,推进农产品标准化生产建设,强化质量追溯体系,与苏宁易购、京东等线上平台加强对接,拓宽品牌农产品销售渠道。加大对农业品牌工作扶持力度,把农业品牌工作经费纳入财政预算,对重点企业和品牌产品给予重点培育、重点扶持,鼓励知名品牌利用品牌资源进行扩张和延伸。引导企业把强化科技作为突破点,加强农业精深加工的技术创新,开发新型产品,引领和创造市场消费潮流。加大监督检查力度,打击侵权行为。

2. 实施区域品牌影响力提升工程

建立统一的农产品品牌创建发布平台,完善、规范和强化对农业品牌的推介、评选、推优等活动,鼓励农产品企业做好质量、做大品牌。在品牌宣传推介、宣传培训、咨询服务、资金投入力度等方面持续发力,以电视台和网络平台为依托,不断加强品牌宣传和推介工作。积极组织企业和新型农业经营主体参加国家、省市举办的各类大型优质农产品展销会、农民丰收节、农博会、评奖评优活动等活动,并组织相关部门积极配合做好服务,将优质农产品推往全国。

(六) 农业机械化和数字农业建设工程

1. 实施农业机械化提升工程

持续优化农机购置补贴政策,加快调整农机报废更新和政策性保险政策,力争实现各县(市、涉农区)农机报废更新补贴和政策性保险保费补贴全覆盖。用好用活农机购置国家补贴、金融信贷、财政贴息等政策,进一步调动广大农民购置农机的热情和种粮积极性。推动粮食生产全程机械化装备和作业水平提档升级,加快设施农业、果菜茶、畜牧业、渔业和农产品初加工等产业的农机装备和技术发展,提升特色农业机械化发展水平。持续加快农机科技创新平台建设,加快创新成果转化应用步伐。持续加快农业急需农机化技术与装备的试验推广,突破一批制约现代农业发展的装备瓶颈。持续加快机械化信息化融合,支持建设智慧农机示范场等智慧农机示范基地,抢占农机化发展制高点。积极推动农田"宜机化"建设,切实提升农机化公共服务能力建设,加快"互联网+农机作业"信息化平台建设,加大对农机科技志愿者服务工作的支持力度。着力加强农机化人才队伍建设,培养一批农机实用人才,夯实农机化管理和推广人才队伍基础。大力探索农机服务新模式建设,聚焦"全程机械化+综合农事"服务中心示范建设,加快培植更多农机服务典型,推动农机服务上水平。

2. 实施数字农业建设工程

要加快信息技术与农业农村融合发展的基础理论突破、关键技术研究、重大产品创制、标准规范制定、典型应用示范,着力发挥信息技术创新的扩散效应、信息和知识的溢出效应、数字技术释放的普惠效应,全面激发农业农村经济发展活力。要抓住5G、人工智能、工业互联网、物联网等"新基建"提速的契机,顺应农业供给侧结构性改革方向,加强新型基础设施在农村地区的布局,加大与农业生产结合的利用,加快构建天空地一体化的农业数字资源体系,建设国家农业农村大数据中心,加快推进现有涉农各项数据权属和资源整合,通过数据分析运用推进农业生产标准化建设,为发展数字农业提供更完善的基础设施保障。加强关键共性技术攻关,强化战略性前沿性技术超前布局,制定数字农业技术发展路线图,重点突破数字农业领域基础技术、通用技术,超前布局前沿技术、颠覆性技术。强化技术集成应用与示范,加快农业人工智能研发应用,加快研制和应用先进的农业智能化生产设备。积极开展农产品信息采集,依托网络直播、短视频、电商平台等各种线上渠道,拓宽优质农产品的对外销售渠道。依托省级智慧农业数据中心和农业行政监管平台、农业信息综合服务平台、农业政务信息发布平台"一中心三平台"等建设成果,进一步整合政务、事务、商务等各类信息资源,建设"一站式服务"的农业综合信息服务平台,为数字农业提供政府服务、农技培训、市场销售等多方面的支持。到2025年,形成上下高效协调的现代化农业综合指挥调度系统。

(七)农产品质量安全保障工程

1. 实施农产品生产标准化工程

结合发展实际,支持高等院校、新型农业化经营主体、政府质检部门等广泛参与农业生产标准制定,进一步完善农业标准体系,以推进标准化生产为重点,提升安全优质农产品供给能力。采用国家标准、行业标准、地方标准相配套,产地标准、产品标准、生产标准相衔接的模式,建立起富有江西特色的农业综合标准体系。积极推进农业标准化示范区建设,挑选一批农业龙头企业、基地进行示范引导,通过加强对农业标准化示范区的操作人员、示范户的宣传、培训工作,扩大示范区的示范效应和辐射带动作用,保证标准化种养殖技术在产前、产中、产后的全面推广和应用,助推农业产业发展壮大。推动特色农产品优势区、龙头企业以及种粮大户、合作社等新型农业经营主体对接农业标准体系,实施标准化生产。完善农业生产投入品登记使用管理制度和标准化生产操作规程,保障农产品质量安全。将全市农产品生产经营主体全部纳入经营主体信息库实施全程监管,严格执行禁限用农药、兽药的管理、农药休药期等规定。

2. 实施农产品质量检测能力强化工程

逐步建立、普及、强化农产品检测机构,配备检测仪器和专业技术人员,鼓励地方加大产品抽检力度,形成中心、省、地市三级工作机构抽检协同机制,围绕重点行业、重点经营主体、重点区域和重点节日开展专项检查,对主要农产品抽检实现全覆盖,将农产品检测工作进一步推进到种养殖场。率先开展批发市场农产品质量安全风险监测。调整完善农产品质量安全风险监测计划,增加监测参数,扩大监测范围,增加风险监测的数量和项目，加大随机抽样力度。建立健全蔬菜、畜禽、禽蛋、水产品等产地环境、生产标准、营养品质、质量安全追溯等检测体系，提高农产品监测的时效性、准确性、真实性和覆盖面。

3. 实施农产品全程可追溯能力提升工程

以国家追溯平台为中心，各地平台为补充，加快推进省级追溯平台与国家追溯平台的对接，建设区域农产品溯源大数据平台，将监管、执法、检测等工作逐步纳入线上平台，促进数据互联互通。率先对国家和省级重点龙头企业以及绿色食品、有机农产品、地理标志农产品等规模化生产经营主体及其产品实行可追溯管理，树立一批追溯示范标杆企业。支持引入第三方服务组织为农业企业提供追溯信息采集录入等服务，采用大数据技术实现对农产品质量溯源信息的全程、有效、持续监管，切实保障农产品质量安全。

（八）农村实用人才培养工程

1. 构建农村实用人才数据库

按照村级调查摸底、乡镇核实推荐、县级审核认定的步骤，对全县农村实用人才摸底筛选登记，分类建档，进行动态管理。

2. 实施农村实用人才技能培训工程

依托江西农业大学等科研院校对种养大户、家庭农场主、合作社负责人等农村实用人才经营管理与技能培训。

3. 创建人才品牌

在广泛培育针对性人才外，还应开展"品牌农师"评选活动，通过"品牌农师"示范、帮带，带动一批农民转型升级为农村实用人才，形成富有层次、结构合理的农村实用人才队伍。运用报纸、电视、工作简报等媒体广泛宣传人才品牌，收集农民增收致富优秀案例，树立人才品牌典型，增强品牌影响力。

4. 实施农业后继者培养工程

鼓励和支持高校毕业生、农业科技人员下沉到基层，投身农业，释放农村创新活力,培养造就一批新型职业农民。建立农村实用人才专项资金,财政部门要把农村人才专项资金纳入本级财政预算。鼓励和支持农业产业化企业投资农业项目,鼓励支持村、社各种专业合作经济组织、专业协会建立农村人才培育的自我投入机制上级财政可按其投入的一定比例适当予以补贴。结合农村产业多元化和社会分工的实际,建立重实绩、重贡献、社会公认、业内认可的农村实用人才评价体系。建立农村优秀人才选拔管理制度,对选拔出的农村优秀人才政府给予一定津贴,每年选送一批农村优秀人才到高等院校学习深造或赴经济发达地区考察学习,农业综合项目资金应向农村人才倾斜,搭建其创业平台。做好农村人才的输出和回引工作,鼓励和支持社会中介服务组织积极开展农村人才输出工作,鼓励和支持有一技之长和一定经济实力的在外农村优秀人才回乡创业和领办经济实体,鼓励和支持高校毕业生到农村就业,调整、充实农村人才队伍,研究制定符合当地实际的政策措施,确保出台的政策对高校毕业生更具吸引力和创新性,进一步推动高校毕业生到基层工作。

第八章

"十四五"时期江西现代农业强省
建设的对策建议

　　农业在国民经济中居于基础性地位，现代农业在促进产业融合发展、深化农村改革以及引领绿色发展等方面具有独特的地位和作用，已经成为现代经济体系的重要组成部分。前文内容在分析的过程中涉及了"十四五"时期江西现代农业强省建设的具体发展建议，但并未将这些政策建议系统化。因此，本章从现代农业高质量发展的视角出发，从现代农业生产体系、现代农业经营体系和现代农业产业体系构建等方面提出系统性的政策建议，为"十四五"时期江西现代农业强省建设提供政策参考。

一、优化农业生产体系，提升现代农业综合生产力

　　强大的农业综合生产力是现代农业强省的基本支撑，也是江西现代农业强省建设的首要任务。耕地、优质的农业品种以及合理的种植和养殖结构是增强现代农业综合生产力的基本条件。

（一）保持高质量的耕地供给

　　全面落实永久基本农田保护制度，精心组织永久基本农田核实整改工

112

作，全面查清划定不实、违法违规建设占用等问题，对经国土规划确定的永久基本农田，要进一步完善保护和利用机制，不能将其转化为建设用地，城市扩容和重大项目建设要实施避让。如果重大基础设施特别是新一代信息通信技术基础设施建设需要占用永久基本农田，要进行耕作层土壤剥离和再建，达到耕地数量和质量的占补平衡。要实施好藏粮于地、藏粮于技战略，加快推进高标准粮田、粮食生产功能区、重要农产品生产保护区建设，使集中连片、设施配套、高产稳产、生态良好、抗灾能力强，与现代农业生产和经营方式相适应的基本农田保持稳定供给。高标准农田要优先在永久基本农田和重要农产品生产保护区等农业生态基础和基础设施较为完善的地区展开，使高标准农田建设集约和高效。以促进农田水利设施供给提质增效为导向，加强水库加固和山洪灾害治理，整体提升农田水利系统的现代化水平，为农业水利化奠定坚实的基础。

（二）大力推进农业品种优化

瞄准全球生物育种前沿技术、关键共性技术、颠覆性技术，加快推进生物育种中心建设，构建流程化、模块化、工业化、信息化的生物育种创新体系；要完善育种科技的创新体系，构建企业为主体，政府引导，科研机构参与的创新格局。加强政策支持力度，创新政策支持的思路，要积极落实财政资金投入，引导社会资本投入；进一步优化税收政策和市场环境，为育种企业的发展提供更加优越的发展空间；在人才引进方面，面向育种行业制定出台专门的人才政策，实现紧缺人才的个性化引进，不断增强创新的智力支撑能力。综合运用企业收购、重组等手段，引进和培育一批创新能力强、技术先进、经营效益好的"育繁推一体化"现代农作物种业集团。

（三）围绕特色化、绿色化和标准化，优化种养结构

结合区域农业生态条件、产业发展现状和交通条件，以农业供给侧结构性改革为主线，从特色化、标准化、绿色化、规模化等方面持续发力，

推动地方特色农业实现提质增效，打造一批富有江西特色的农业产业带。正确处理好农业结构调整与稳定粮食生产的关系，确保粮食面积不减少、产能不降低。通过与中国农科院、华中农大、南昌大学等高等院校、科研机构合作攻关、协同创新，使南丰蜜橘、广昌白莲、崇仁麻鸡等产品深加工取得突破性进展；着力推动农业绿色化发展，落实有机肥提质增效措施，扩大耕地轮作休耕试点，切实保护提升地力。推进农业"三减"活动，强化精准施肥、合理用药、绿色防控，降低化肥、农药、除草剂的投入强度，提高利用效率。加快推进农业废弃物资源化利用，提高秸秆综合利用率，加强地膜、农药残瓶、食用菌菌糠回收利用，推动养殖废弃物资源化利用、无害化处理，坚决控制农业面源污染。大力开展耕地重金属污染修复行动，加大重金属污染耕地修复和结构调整力度，加强土壤修复技术集成配套攻关，确保耕地永久保护、永续利用。完善省、市、县三级可追溯平台建设，强化农产品质量安全监测，抓好受污染耕地安全利用工作，努力把江西打造成全国知名的绿色有机农产品供应基地。加快构建"生产有记录、流向可追踪、信息可查询、质量可追溯"的全程追溯系统，使"三品一标"认证产品实现100%可追溯。着力推动农业标准化发展，要强化农业标准化生产，大力发展标准化农业，健全从农田到餐桌的农产品质量安全全过程监管体系，提高农产品质量安全水平。

（四）因地制宜推进农业机械化

以增强现代农业装备技术创新能力为着力点，优化财政政策、人才政策、土地使用政策等方面的体制机制，畅通要素供给机制，增强现代农业装备制造业的研发制造水平，夯实农业机械化的基础。引导现代农业装备制造企业以实现农作物种植、高效植保、烘干、加工、废弃物处理等农业生产环节的系统研发和集成配套为主要目标，促进农业机械化与农作物品种优质化、耕作技术改进、耕作制度变革等实现协调发展，努力实现全程化机械作业。以推动甘蔗、水稻等重要农作物实现全程机械化为目标，着力实现农业机械化水平提升行动在关键领域持续发力，建设现代农业机械化发展示范区,由点带面,实现农业机械化水平的整体跃升。结合高标准农田建设工程,针对在农田道路、信息化建设等方面面临的突出"短板",进一步完善高标准农田建设的内容,提升农田道路宜机化水平。深入推进新型农业经营主体培育工程,进一步加大财政政策优惠力度,支持家庭农场、合作社、种养大户等新型农业经营主体开展农业机械化服务,实现农业机械化生产向小农户拓展。继续深入实施政府购买农业服务行动,结合农业技术推广工作,推进农业机械向特色化方向不断发展。

(五) 大力推进农业信息化和智慧化

全面整合各类业务系统信息资源,开发建设包含农业政务信息、农业地理信息、现代农业生产等应用云平台。在种植、养殖生产作业环节,加快构建集环境生理监控、作物模型分析、遥感技术和精准调节于一体的农业生产自动化系统和平台,根据自然生态条件改进农业生产工艺,进行农产品差异化生产。在食品安全环节加快构建农产品溯源系统,将农产品生产、加工等过程的各种相关信息进行记录并存储,并通过食品识别号在网络上对农产品进行查询认证,追溯全程信息。在生产管理环节特别是一些农垦区、现代农业产业园、大型农场等单位,将智能设施与互联网广泛应用于农业测土配方、茬口作业计划、农业科技培训以及农场生产资料管理等生产计划系统,提高效能。依托省级物联网系统,将分布在各地的农业生产管理智能感知设备接入省级农业物联网系统,实现农业物联网数据云端存储,农业生产实现可视化智能管控。以实现现代农业装备信息化、智慧化为目标,支持物联网、5G、北斗导航等技术在现代农业装备中的运用,推动现代农业装备制造企业向服务型制造业转型升级,实现现代农业装备制造与新一代信息技术无缝对接。支持合作社、农业社会化服务机构等新型农业经营主体与优势企业相互对接,为农业智慧化提供丰富的应用场景实验。以养殖业等对智能化生产需求较大的产业入手,进一步深化农业智慧化水平。

二、创新现代农业经营理念,完善现代农业经营体系

统分结合是我国农业的经营特色,分散化的小规模生产一直是制约江西现代农业发展的突出问题。通过完善现代农业经营体系可以实现农业的规模化经营,从而为农业标准化、机械化、绿色化、市场化奠定坚实的基础。

(一) 激发农村土地流转活力

稳定农村耕地承包关系长久不变的政策,积极落实第二轮土地承包到期后再延长 30 年的政策,为农村土地权属确定提供稳定的制度环境。深入推进农村承包地所有权、承包权、经营权"三权分置"改革,在确保所有权和承包权基本稳定的情况下,激发经营权有序流转的活力,引导土地经营权向种养大户、家庭农场、合作社等新型农业经营主体和龙头企业规范流转和适度集中,实现农业生产的规模化经营。完善集体产权制度,鼓励以村集体为单位的农业规模化经营。深入推进农村集体产权制度改革,推动资源变资产、资金变股金、农民变股东,发展多种形式的股份合作。高度重视土地经营权流转中的农民利益保护问题,完善农民对集体资产股份的占有、收益、有偿退出及抵押、担保、继承等权能和管理办法,保障好农民土地承包权。加快以土地流转监测制度为主要内容的农村产权交易市场建设,为农村土地有序流转提供更完善的制度环境。

(二) 加快培育新型农业经营主体

以提升种养大户和家庭农场的机械化水平、科技化水平等农业生产能

力和经营能力为基础,综合运用各级财政政策,加大农业机械购置补贴力度和农业技术培训力度。以实现规模化经营为主要目标,从资金、人才、技术等方面全方位支持农业合作社规范发展。通过引进和培育一批农业企业,打造一批十亿级、百亿级、千亿级龙头企业。实施新型职业农民培育工程,要优先发展农村教育事业,注重农村教育和农民专业技能培训,在专业大户、家庭农场主和返乡大中专毕业生里遴选培训对象,大力培育新型职业农民,加强农村专业人才队伍建设,提高农民科技文化素质和经营管理水平。强化农业科技创新和推广,优化农业科技创新与农业生产有效结合的体制机制,健全农业技术推广体系,特别要解决好农业技术推广"最后一公里"问题,顺畅农业技术进入农业经营主体手中的通道。积极培育多元化服务主体,重点支持面向小农户的社会化服务,推动资源整合利用,积极拓展服务领域,加强规范化建设,提升服务的智能化水平,加强典型示范,研究出台相关政策,组织实施好农业生产托管项目;鼓励农业院校和相关科研院所开展社会化服务;在加强以政府主导的农业公益性社会化服务基础上,重点发展面向农业生产的专业化服务公司,扩展农业产前、产中、产后服务,完善农业社会化服务体系,提高农业社会化服务水平;鼓励发展多样化的代耕、代种、代收、代售服务以及劳务、技术、融资等服务,以服务的规模化和专业分工降低家庭经营成本,提高比较收益。

(三)着力提升现代农业经营效益

以资本为纽带,结合乡村振兴战略,出台鼓励和支持工商资本上山下乡的政策,发挥工商资本在整合农业资源,进而发展适度规模经营的作用。以全方位保障农民基本利益为主要目标,不断强化小农生产与新型农业经营主体的利益连接机制,引导和支持家庭农场、种养大户和专业合作社、龙头企业建立契约型、股份型等更为紧密的利益连接机制,构建多主体协同的利益连接机制,充分激发各主体的发展活力。以延伸产业链、提升价值链、打造供应链为主要抓手,拓展新型农业经营主体的经营内容,鼓励支持合作社发展农业加工业和电子商务销售以及高效植保、烘干、土地翻耕等社会化服务业，不断增强经营主体的内生发展动力。

三、促进产业融合，构建现代农业产业体系

在现代交通和通信技术的支撑下，现代农业已经和工业和服务业形成了融合发展的态势，产业融合发展促进了传统农业的改造提升，也催生了一批新业态、新模式。在产业体系上，现代农业已经表现出由种植业、畜牧业、渔业、林业等基本产业扩展延伸到生产资料供应、生产技术及信息服务等农业产前部门和农产品加工、流通、销售、食品消费、市场信息服务等农业产后部门，甚至进一步扩展延伸到农业观光旅游、农业生态休闲、农业传统文化保护传承、农业电子商务等农业生产性服务业和生活性服务业的第三产业。总体而言，现代农业产业体系主要是由农产品产业体系、多功能产业体系、现代农业支撑产业体系构成。农产品产业体系包括以确保国家粮食安全和主要农产品供给为主要目标的粮食、棉花、油料等各个产业。多功能产业体系包括以推展农业功能为主要内容的休闲农业等新型农业形态。现代农业支撑产业体系包括农产品市场流通等为农服务的相关服务业。

（一）加快推进农产品产业体系发展

1. 加快推动农产品加工业转型升级

支持农产品加工设备改造提升，建设农产品加工技术集成基地。加强规划和政策引导，支持粮食主产区发展粮食深加工。坚持资源化、减量化、可循环发展方向，促进秸秆等农业副产物的循环利用、加工副产物的全值利用、加工废弃物的梯次利用。

2. 建立和优化财政投入机制

增加财政对农产品加工业的有效投入，明确提出财政支农资金对农产品加工业的投资比例，其中食品加工业应是农产品加工业财政扶持的主要方向。整合现有涉农项目资金，适当向农产品加工企业倾斜。重点培育农产品加工业主导产业，整合国家及各级财政支农专项资金向主导产业倾斜。财政扶持资金应覆盖更多中小微农产品加工企业，降低竞争型财政扶持项目申报门槛。一些以增加农民收入为政策目标的项目应考虑以中小微农产品加工企业为承担主体，在贫困地区专门为农产品加工企业设置广覆盖普惠型财政项目。

3. 加快完善农产品加工业税收政策

调整和完善农产品加工业税收政策应明确减轻企业负担的要求，突出农产品加工业产业结构优化升级的政策导向。适当拓宽享受税收优惠政策农产品加工龙头企业的认定标准，允许符合一定条件的非国有农产品深加工企业享受初加工企业的税收优惠政策。加大省级以上农产品加工龙头企业税收扶持力度。适度调减农产品加工企业所得税税率，进一步降低小微企业所得税税率，减按15%税率征收企业所得税。

4. 引导支持农产品加工企业更新装备和工艺

着力加强农产品产地初加工技术的引进、研发、创新和示范推广，对农产品加工企业用于技术创新的其他费用应按实际发生额计入管理费用全额扣除。支持农产品加工企业购买更新加工技术，政府给予补助。建立健全农产品加工机械更新报废经济补偿制度，对企业采用资源能源消耗低、环境污染少的加工装备给予财政补贴或信贷支持。允许农产品加工企业享受一次性税前扣除、缩短折旧年限、选择双倍余额递减法或年数总和法加速固定资产折旧的税收优惠政策，适当放宽条件限制，鼓励农产品加工企业更新加工机械装备。

（二）加快推进农业多功能产业体系发展

1. 建设乡村旅游园区和乡村旅游度假区

大力发展乡村旅游，推动农业与旅游、教育、文化、康养等产业深度融合，打造一批乡村旅游园区；创新开发农业农村旅游项目，建设农业文化主题体验基地、"乡村旅游后备厢"工程示范基地，发展农业研学旅游、精品民宿等新业态，建设一批乡村旅游度假区。

2. 建设生态循环农业基地

推广水肥一体化、饲养标准化、废弃物循环利用等技术，优化种植养殖结构，规划建成一批生态循环农业基地，推动农业可持续发展。

3. 大力发展订单农业

积极探索构建政策主导、平台补贴、服务购买的"互联网＋订单农业"新模式，形成农产品生产单位为主体、网站平台为支点、终端客户为对象、第三方银行为担保、生产者消费者点对点互动为重要内容的农产品网络订单体系。其中，培育政府补贴或购买性质的公益性网络平台是核心、关键，公益性网络平台有利于生产与消费之间实现直接交易、点对点、面对面交易，将成本降到最低，保证生产与消费信息的可信度和真实性。可以由政府有关部门主导，由相关企业或经济协会出面，与掌握大数据的互联网企业合作，与消费客户端直接对接，建立网络品牌，获得丰富的消费人群关系网；同时由基层政府部门向广大农户推介"互联网＋生产经营"模式，动员生产者加入到这一营销模式中来，建立生产者资料库和诚信度评价体系，便于客户自由选择、无缝对接。建立生产者与客户直接交流的网络平台，如微信公众号和微信客户群等，让客户直接通过网络平台下个性化订单，并且即时查看生产过程、生产场景，即时了解产品生产的各个环节，提高消费者对生产者诚信度和农产品安全绿色的信心。

（三）加快推进现代农业物流体系和营销体系建设

对现代农业物流体系构建而言，一要加快市场体系建设，增强集散功能。积极培育功能齐全、特色突出的面向全省、大中城市甚至能够参与市场竞争的大型农产品交易市场和现代物流配送中心。二要加强物流设施建设，推动现代仓储物流产业快速发展。根据现有物流资源和重要交通枢纽的区位优势，加强物流资源的整合，大力发展共同配送，促进物流配送过程的自动化,实现企业物流、配送的网络化。支持建设一批骨干冷链物流基地,推动农产品冷链物流业加快发展,不断完善鲜活农产品冷链物流体系。健全农产品冷链流通标准体系,推动冷链物流与互联网创新融合,实现食品农产品配送智能化、快速化。设立国际冷链物流平台,形成集保税仓储、冷链物流、信息发布、电子交易于一体的农副产品交易市场。设立进境水果、肉类、屠宰用肉牛、冰鲜水产品指定口岸,形成辐射周边区域的分销基地。三要采取有效实施措施,保障农产品现代物流体系建设顺利推进。转变政府职能,建立新型农产品流通管理体制;培育农产品流通市场竞争主体;扩大对外开放,加强招商引资;发展中介组织,加强行业自律,规范市场秩序。

对于现代农业消费体系构建而言,一要注重质量安全和品牌创建,加强农产品质量安全监管,建立农产品生产"红黑名单"制度,将新型农业经营主体全部纳入农产品质量安全信用体系管理。继续实施"生态鄱阳湖、绿色农产品"品牌战略,挖掘一批老字号和"贡"字号农产品品牌、做大做强一批产业优势品牌、培育壮大一批企业自主品牌、整合扶强一批区域公用品牌,重点打造"四绿一红"茶叶、鄱阳湖水产品、地方鸡、"沿江环湖"水禽和优质大米等品牌。引导各类市场主体申请中国驰名商标、江西著名商标认定。二要大力发展新兴业态,推动农产品流通现代化与信息化。加快发展连锁经营、物流配送和电子商务,加快培育各类农产品批发和零售市场。建立省级现代农产品交易信息平台。引导相关商业网点以信息技术改造传统营销模式,大力推广应用时点销售系统,管理信息系统,全面提高农产品流通业的企业管理水平,推动农产品流通现代化与信息化。大力发展电子商务。建立完善覆盖生产和消费、融合线上和线下的农产品生产流通全链条标准体系。鼓励复制推广跨境电商成熟经验做法,结合自身产业优势,不断探索创新,推动本地跨境电商发展。三要打造国际性农业和食品展会。创新工作机制,整合优化资源,加大政府支持力度,着力提升涉农展会的专业化和国际化水平。

（四）强化载体创新，提升现代农业综合承载力

1. 加强现代农业园区资金的支持

统筹使用国家支持农业产业园建设相关资金和省级现代农业发展专项资金、畜牧业发展专项资金，采取先建后补、以奖代补、风险补偿、贷款贴息等方式，支持产业园基础设施建设、科技创新和农业生产重大技术措施在产业园推广示范。

2. 实现现代农业园区的产业化发展

推动农业与旅游、教育、文化、现代加工业、物流业、生态观光业、健康养生有机结合，延伸产业园（园区）产业链；强化集成技术推广应用，引进先进农业新技术、新品种，推动农业科技和推广应用，科技水平处于全省同行业领先地位；采取有效措施，建立节肥节水节药等机制，发展生态循环农业，促进农业可持续发展；以现有省级现代农业园区为基础，创建一批生产功能突出、产业特色鲜明、要素高度聚集、设施装备先进、生产方式绿色、经济效益显著、辐射带动有力的现代农业产业园；省级产业园经过一定时间建设发展，达到国家产业园创建标准的，将按相应程序择优推荐申报国家级产业园。达到国家产业园创建标准的，将按相应程序择优推荐申报国家级产业园。

3. 加强人才建设，健全管理工作机制

建立柔性招才引智机制，吸引两院院士、科研院校专家参与园区建设，提供智力支持。搭建"乡村版"众创空间、创业见习基地，激励各路人才入园创业创新。落实地方责任，各地成立由政府负责同志牵头、各有关部门参加的协调推进机制，统筹谋划工作，明确各部门职责任务和工作分工。积极推行政企分开、政资分开，实行园区管理机构与开发运营企业分离。

四、完善现代农业装备创新体系,加快推动农机装备产业高质量发展

(一) 提升现代农业装备创新能力

以构建现代农业装备创新体系为主要目标,完善以企业为主体,市场为导向,产学研高度协同的创新格局。积极引进和培育一批创新能力强的现代农业装备制造企业,从企业内部提升创新能力。积极运用补贴和税收等财政政策支持现代农业装备制造企业做大做强。以共性技术攻克和基础设备研发为导向,以推动新一代信息技术在农机装备中的运用为着力点,进一步强化产业链协同创新能力。加强现代农业装备制造业企业与新型农业经营主体的对接,在提升服务水平的同时使农业机械装备的研发和制造更加契合市场需求。在加强创新体系建设的同时还要突出创新的重点领域。针对江西发展实际,要积极研发大中型农业机械装备,以适应农业规模化经营的发展趋势,还要结合地域特色开发适应小农生产的小型农业机械。结合重点打造的产业和特色农业,积极发展高校专用农机。鼓励研发生产能力较强的大型农业装备制造企业沿着集成配套和与新一代信息技术深度融合的方向发展。

(二) 推动现代农业装备制造标准化、智能化和绿色化

加快构建和完善以智能化和绿色化为主要内容的现代农业机械装备标准体系,逐步实现农业机械装备制造的标准化。以提升现代农业机械装备的安全性、可靠性和适应性为主要目标,加强现代农业装备机械的检测认证体系和质量监管体系建设,提升现代农业机械装备的高质量供给水平。

积极对接国际标准，支持农机装备鉴定和检测机构、农机装备生产企业参与国际标准制修订，推动检测结果国际互认。以现代农业装备制造智能化和绿色化为导向，统筹利用好各级财政政策、人才政策和土地政策等支持政策，为现代农业装备制造企业提供资金、人才、建设用地等全方位支持，加快实现现代农业装备供给的高端化。建设智能农业装备大数据管理平台，为现代农业装备制造的智能化发展提供数据支撑。

（三）加强农业工程人才培养

支持和引导省内理工类高校设置农业工程类专业，在现有相关专业的基础上扩大招生规模，重点支持江西农业大学农业工程专业学科建设和发展，为培养创新型现代农业机械装备制造人才奠定坚实基础。设立现代农业机械装备制造高端人才培养专项基金，支持相关高校引进高层次人才，购买相应的实验设备。加强高校与龙头企业、新型农业经营主体的对接，加快建设一批创新基地、实践基地和实训基地。鼓励开展国际交流与合作，构建国际化农机人才培养体系。

五、强化金融支持，助推现代农业全面发展

随着农业机械、新一代信息技术与现代农业的深度融合，现代农业的高质量发展需要大量的资本投入，金融支持现代农业发展的任务也更加紧迫。

（一）培育引导"三农"的金融意识，释放农村金融服务需求

培育挖掘服务"三农"多种金融服务产品、市场及客户，解除因传统农业模式、农民金融意识等制约，让农业新型经济体生产资金短缺时，首

先想到银行。金融业对"三农"着重开展最后一块价值洼地的培育挖掘。

（二）在贷款审批及考核机制等多方面进行探索创新，适应现代农业和"三农"金融服务需求

在合规抵押物及担保标准确定、贷款申请材料构成、快速审批放款、绩效考核四个方面进行探索。在合理抵押物及担保方面，可充分利用土地承包经营权、设施农业（如暖棚、果木等）、合作社资产、农机具、专业户联保信用贷款等；在贷款申请材料构成方面，应充分考虑农村地域经济、农民及经营组织信用档案缺少的特点，借助乡镇、村、村民组等属地政府对贷款对象信用进行确认。在贷款审批投放方面，应建立贷款快速审批投放及小微贷款（5万元或20万元以下）责任人快速放款办法，适应"三农"贷款小额资金需求急的要求；在内部绩效考核方面，"三农"金融服务，单笔额小、要求急、数量多、工作量大，银行内部可在确保适当盈利的前提下，对相关工作人员制定合适的坏账率、风险覆盖防控指标等绩优效考核办法，为"三农"提供优质金融服务。

（三）利用先进实用技术，建立涉农金融服务到农户的数据库

入村入户，建立农民及农业经营组织生产经营等信息互通系统。与乡镇、村组织合作开展工作，并设置乡镇、村级融资工作联络员，建立经常性长效工作机制，促进农村融资和信息互联互通工作有实效。

附表 2018年江西现代农业区域竞争力评价相关数据

2018年江西11个地级市农业发展原始数据

市域	农林牧渔业总产值（万元）	主要经济作物总产量（吨）	主要经济作物单产（千克/公顷）	水产品总量（吨）	水资源总量（亿立方米）	有效灌溉面积（千公顷）	农用化肥施用量（折纯量）（吨）	农药使用量（吨）	工业废水排放量（万吨）
南昌市	3210113.00	1579487.00	12796.56	404361.00	63.19	190.00	134902.00	3314.00	3740.10
景德镇市	978506.00	1225426.00	11580.11	29196.00	49.84	52.00	33935.00	1433.00	2719.45
萍乡市	952452.00	750216.00	8365.89	40078.00	24.29	43.00	32211.00	1738.00	666.06
九江市	3134035.00	1440182.00	8354.33	451520.00	104.00	198.00	140783.00	10591.00	9045.12
新余市	970060.00	314714.00	6691.78	50655.00	19.13	55.00	35309.00	1699.00	2274.57
鹰潭市	907888.00	464642.00	11878.44	49263.00	30.29	53.00	32851.00	1461.00	1141.29
赣州市	5457965.00	3876720.00	12330.67	293036.00	222.92	290.00	179083.00	10065.00	5327.31
吉安市	3827971.00	2827892.00	11799.56	221948.00	157.04	297.00	172593.00	10759.00	3236.89
宜春市	4546805.00	2529539.00	12272.22	348023.00	141.00	313.00	177088.00	9266.00	3516.86
抚州市	3435320.00	2422533.00	13813.11	161649.00	125.89	246.00	154269.00	10696.00	1874.82
上饶市	4064622.00	2092945.00	10378.22	509721.00	211.50	295.00	138941.00	16161.00	6014.16

续表

市域	工业废气排放量（亿立方米）	一般工业固体废物产生量（万吨）	农林牧渔业商品产值（万元）	农林牧渔业商品率（%）	农林牧渔业中间消耗占农林牧渔业总产值的比重（%）	劳均创造农林牧渔业总产值（元/人）	劳均创造农林牧渔业增加值（元/人）	劳均创造农林牧渔业商品产值（元/人）	农村居民人均可支配收入（元/人）
南昌市	1750.00	246.88	2477235.00	77.20	39.64	50757.00	31272.00	39169.00	17866.00
景德镇市	529.00	125.68	749590.00	76.60	35.62	47312.00	29687.00	36243.00	16510.00
萍乡市	2053.00	411.86	611473.00	64.20	36.50	35813.00	22637.00	22992.00	18012.00
九江市	2478.00	1208.63	2094065.00	66.80	37.02	35694.00	22744.00	23850.00	14482.00
新余市	1517.00	923.03	668920.00	69.00	40.37	43237.00	26180.00	29815.00	17993.00
鹰潭市	509.00	332.52	576537.00	63.50	36.18	49835.00	31799.00	31647.00	16145.00
赣州市	1215.00	812.47	3723985.00	68.20	35.94	30383.00	19538.00	20730.00	10782.00
吉安市	1065.00	287.90	3060612.00	80.00	41.21	38954.00	22157.00	31145.00	13820.00
宜春市	2243.00	565.38	3157140.00	69.40	41.62	39150.00	23552.00	27185.00	14975.00
抚州市	930.00	192.05	2636492.00	76.70	38.09	38762.00	23377.00	29749.00	14767.00
上饶市	1230.00	6558.36	3048961.00	75.00	34.84	32142.00	20743.00	24110.00	13346.00

续表

市域	城乡居民可支配收入之比	城乡居民消费支出之比	城市化率（%）	农林水事务公共预算支出（万元）	第一产业固定资产投资占全省第一产业总投资的比重（%）	第一产业社会就业总人口占比（%）	农业服务业产值占农林牧渔业总产值的比重（%）	粮食作物总产值占农林牧渔业总产值的比重（%）	单个村用电量（万千瓦时/个）	农村贫困人口数量（人）
南昌市	2.29	2.30	74.23	429807.00	10.00	17.30	4.36	17.60	116.66	10232.00
景德镇市	2.25	1.89	66.94	138829.00	3.60	26.60	9.59	15.60	74.12	9920.00
萍乡市	1.99	1.85	69.07	196441.00	3.40	22.20	1.62	14.20	102.57	9474.00
九江市	2.44	1.94	55.27	552933.00	9.10	29.10	5.69	17.20	79.06	72437.00
新余市	2.09	1.85	70.03	137538.00	6.20	33.60	6.77	21.10	76.31	7581.00
鹰潭市	2.12	1.80	60.68	112754.00	3.10	30.70	2.86	26.80	75.58	6976.00
赣州市	2.98	2.22	50.29	914987.00	7.10	28.30	3.71	14.90	44.78	189024.00
吉安市	2.51	1.95	50.95	622896.00	9.30	34.60	5.00	24.30	34.94	31260.00
宜春市	2.15	1.73	49.68	639117.00	24.00	31.90	1.78	26.70	67.01	39076.00
抚州市	2.17	1.94	49.81	566544.00	14.40	39.20	4.58	22.80	36.54	27474.00
上饶市	2.60	2.00	51.97	727487.00	9.80	27.70	4.57	26.80	102.06	105916.00

2018年江西11个地级市农业发展标准化数据

市域	农林牧渔业总产值（万元）	主要经济作物总产量（吨）	主要经济作物单产（千克/公顷）	水产品总量（吨）	水资源总量（亿立方米）	有效灌溉面积（千公顷）	农用化肥施用量（折纯量）（吨）	农药使用量（吨）	工业废水排放量（万吨）
南昌市	1.51	1.36	1.86	1.78	1.22	1.54	1.01	1.87	1.63
景德镇市	1.02	1.26	1.69	1.00	1.15	1.03	1.03	2.00	1.75
萍乡市	1.01	1.12	1.24	1.02	1.03	1.00	1.03	1.98	2.00
九江市	1.49	1.32	1.23	1.88	1.42	1.57	1.01	1.38	1.00
新余市	1.01	1.00	1.00	1.04	1.00	1.04	1.03	1.98	1.81
鹰潭市	1.00	1.04	1.73	1.04	1.05	1.04	1.03	2.00	1.94
赣州市	2.00	2.00	1.79	1.55	2.00	1.91	1.00	1.41	1.44
吉安市	1.64	1.71	1.72	1.40	1.68	1.94	1.00	1.37	1.69
宜春市	1.80	1.62	1.78	1.66	1.60	2.00	1.00	1.47	1.66
抚州市	1.56	1.59	2.00	1.28	1.52	1.75	1.01	1.37	1.86
上饶市	1.69	1.50	1.52	2.00	1.94	1.93	1.01	1.00	1.36

续表

市域	工业废气排放量（亿立方米）	一般工业固体废物产生量（万吨）	农林牧渔业商品产值（万元）	农林牧渔业商品率（%）	农林牧渔业中间消耗占农林牧渔业总产值的比重（%）	劳均创造农林牧渔业总产值（元/人）	劳均创造农林牧渔业增加值（元/人）	劳均创造农林牧渔业商品产值（元/人）	农村居民人均可支配收入（元/人）
南昌市	1.37	1.98	1.60	1.83	1.29	2.00	1.96	2.00	1.98
景德镇市	1.99	2.00	1.05	1.79	1.88	1.83	1.83	1.84	1.79
萍乡市	1.22	1.96	1.01	1.04	1.76	1.27	1.25	1.12	2.00
九江市	1.00	1.83	1.48	1.20	1.68	1.26	1.26	1.17	1.51
新余市	1.49	1.88	1.03	1.33	1.18	1.63	1.54	1.49	2.00
鹰潭市	2.00	1.97	1.00	1.00	1.80	1.95	2.00	1.59	1.74
赣州市	1.64	1.89	2.00	1.28	1.84	1.00	1.00	1.00	1.00
吉安市	1.72	1.97	1.79	2.00	1.06	1.42	1.21	1.56	1.42
宜春市	1.12	1.93	1.82	1.36	1.00	1.43	1.33	1.35	1.58
抚州市	1.79	1.99	1.65	1.80	1.52	1.41	1.31	1.49	1.55
上饶市	1.63	1.00	1.79	1.70	2.00	1.09	1.10	1.18	1.35

续表

市域	城乡居民可支配收入之比	城乡居民消费支出之比	城市化率（%）	农林水事务公共预算支出（万元）	第一产业固定资产投资占全省第一产业总投资的比重（%）	第一产业社会就业总人口占比（%）	农业服务业产值占农林牧渔业总产值的比重（%）	粮食作物总产值占农林牧渔业总产值的比重（%）	单个村用电量（万千瓦时/个）	农村贫困人口数量（人）
南昌市	1.70	1.00	2.00	1.40	1.33	2.00	1.34	1.27	2.00	1.98
景德镇市	1.73	1.72	1.70	1.03	1.02	1.58	2.00	1.11	1.48	1.98
萍乡市	2.00	1.80	1.79	1.10	1.01	1.78	1.00	1.00	1.83	1.99
九江市	1.55	1.64	1.23	1.55	1.29	1.46	1.51	1.24	1.54	1.64
新余市	1.90	1.79	1.83	1.03	1.15	1.26	1.65	1.55	1.51	2.00
鹰潭市	1.86	1.88	1.45	1.00	1.00	1.39	1.15	2.00	1.50	2.00
赣州市	1.00	1.14	1.02	2.00	1.19	1.50	1.26	1.06	1.12	1.00
吉安市	1.47	1.62	1.05	1.64	1.30	1.21	1.42	1.80	1.00	1.87
宜春市	1.83	2.00	1.00	1.66	2.00	1.33	1.02	1.99	1.39	1.82
抚州市	1.82	1.64	1.01	1.57	1.54	1.00	1.37	1.68	1.02	1.89
上饶市	1.39	1.53	1.09	1.77	1.32	1.53	1.37	2.00	1.82	1.46

2018年江西11个地级市现代农业综合竞争力障碍度分布

市域	农林牧渔业总产值（万元）	主要经济作物总产量（吨）	主要经济作物单产（千克/公顷）	水产品总量（吨）	水资源总量（亿立方米）	有效灌溉面积（千公顷）	农用化肥施用量（折纯量）（吨）	农药使用量（吨）	工业废水排放量（万吨）
南昌市	6.5830	6.1769	1.1731	3.0711	10.1901	7.2917	0.0386	1.2685	2.4699
景德镇市	9.4090	5.1132	1.8482	10.0461	7.9196	11.0975	0.0271	0.0000	1.1833
萍乡市	7.2629	4.6274	3.4600	7.5352	6.9750	8.8104	0.0208	0.1132	0.0000
九江市	4.1608	4.0053	3.8511	1.0372	4.6381	4.1679	0.0237	3.7758	4.1159
新余市	7.7888	5.6759	4.8700	7.9299	7.7045	9.0639	0.0224	0.1063	0.7659
鹰潭市	8.9396	6.1550	1.4978	9.0043	8.2444	10.3404	0.0253	0.0127	0.2562
赣州市	0.0000	0.0000	1.1570	4.2719	0.0000	0.9222	0.0264	3.9372	2.5331
吉安市	3.7013	2.1867	1.8017	6.5040	3.2588	0.7355	0.0302	4.8766	1.6016
宜春市	2.2140	3.0056	1.4754	3.9107	4.3362	0.0000	0.0324	4.3830	1.9005
抚州市	4.5048	2.9736	0.0000	7.7159	4.7075	3.0206	0.0295	4.7507	0.7386
上饶市	3.3206	3.9032	3.2256	0.0000	0.5929	0.8684	0.0315	8.0828	3.4968

续表

市域	工业废气排放量（亿立方米）	一般工业固体废弃物产生量（万吨）	农林牧渔业商品产值（万元）	农林牧渔业商品率（%）	农林牧渔业中间消耗占农林牧渔业总产值的比重（%）	劳均创造农林牧渔业总产值（元/人）	劳均创造农林牧渔业增加值（元/人）	劳均创造农林牧渔业商品产值（元/人）	农村居民人均可支配收入（元/人）
南昌市	6.2779	0.1092	5.5789	1.9286	7.9366	0.0000	0.4941	0.0000	0.1575
景德镇市	0.0726	0.0000	9.5462	1.6797	0.9250	1.2690	1.4204	1.0685	1.1621
萍乡市	4.2994	0.1419	7.6664	5.9904	1.5108	4.2246	4.7288	4.5335	0.0000
九江市	6.0896	0.5966	4.4590	5.5585	2.2037	4.7295	5.1908	4.7681	2.3280
新余市	3.0219	0.4258	8.1015	4.4901	5.4187	2.2887	3.1223	2.8222	0.0121
鹰潭市	0.0000	0.1250	9.4487	7.6246	1.4864	0.3177	0.0000	2.5692	1.3511
赣州市	2.4156	0.4186	0.0000	0.0000	1.2302	7.0771	7.7758	6.3494	5.2749
吉安市	2.1809	0.1133	2.3017	6.0580	8.1667	4.7002	7.0102	3.1676	3.5062
宜春市	7.2783	0.3287	2.1046	6.0580	9.3015	4.9461	6.4162	5.0624	2.7182
抚州市	1.6197	0.0455	3.7008	1.7286	4.0867	4.6849	6.0057	3.6473	2.6621
上饶市	2.9682	4.7171	2.4581	2.8026	0.0000	7.7800	8.4363	6.2392	4.0960

续表

市域	城乡居民可支配收入之比	城乡居民消费支出之比	城市化率（%）	农林水事务公共预算支出（万元）	第一产业固定资产投资占全省第一产业总投资的比重（%）	第一产业社会就业总人口占比（%）	农业服务业产值占农林牧渔业总产值的比重（%）	粮食作物总产值占农林牧渔业总产值的比重（%）	单个村用电量（万千瓦时/个）	农村贫困人口数量（人）
南昌市	2.0011	7.6233	0.0000	7.1696	6.3587	0.0000	5.6016	10.3749	0.0000	0.1250
景德镇市	1.2731	1.5354	3.3272	8.2264	6.6456	2.1701	0.0000	9.0589	3.8950	0.0810
萍乡市	0.0000	0.8567	1.8074	5.8447	5.1501	0.8775	4.6990	7.8213	0.9900	0.0528
九江市	1.8296	1.6921	7.3761	3.2709	4.1374	2.3469	2.5583	6.6186	2.9348	1.5359
新余市	0.4093	0.9691	1.5839	6.8083	4.7911	3.1426	1.7888	3.8093	3.0531	0.0138
鹰潭市	0.6105	0.6010	5.7847	7.9531	6.3684	2.9246	4.8404	0.0000	3.5189	0.0000
赣州市	4.4911	4.4373	10.3037	0.0000	5.1916	2.4204	4.2603	9.0765	6.2070	4.7255
吉安市	2.7086	2.2567	11.4866	3.3468	5.1770	4.3640	3.8182	2.1860	8.0901	0.7226
宜春市	0.9276	0.0000	12.9622	3.3824	0.0000	3.9410	6.9395	0.0936	5.2600	1.0222
抚州市	0.9105	2.1059	11.8178	3.9158	3.3160	5.4183	4.0853	3.4305	7.7792	0.5983
上饶市	3.3110	2.9000	11.5273	2.2548	5.2485	2.7534	4.3786	0.0000	1.5171	3.0901

专题1 江西高效生态农业发展模式与实施途径研究

高效生态农业是一种经济效益、生态效益和社会效益共赢的生产方式，既是实现农业发展转型升级、农民小康提速的重要途径，又是生态文明建设的重要组成部分。近年来，伴随鄱阳湖生态经济区和全省生态文明示范区建设的加速推进，江西依托良好的生态环境优势和农业发展基础，合理利用农业资源，积极转变农业经济发展方式，探索出一批具有江西特色的生态农业发展模式。从全省农业发展现状和比较优势出发，大力推广这些高效生态农业的发展模式，提高农业综合生产能力，有利于实现生态环境优势向产业优势的转化，推动农业功能向经济型、生态型、观光型等拓展，从而有效地促进农业大省向现代农业强省跨越。

一、江西发展高效生态农业的背景

（一）高效生态农业内涵及特征

高效，指农业的土地产出率、投入产出率、劳动生产率高。生态，指农业既能为社会提供绿色安全优质农产品，又能实现农业资源的永续利用。所以高效生态农业是指以绿色、循环、安全为主打品牌，把现代农业科技与当地自然资源和农业基础结合，合理组合农、林、牧、渔、加工等比例，建立生态合理、功能良性循环的高效集约型农业体系。作为一种现代农业生产体系，高效生态农业可通过多部门协作、综合治理、集中联片、立体开发，使大量适合当地条件的生态农业技术和模式形成经济效益、生态效益和社会效益，使农业做到既可满足社会不断增长的吃、穿、用需求，又能与自然环境和谐相处。

高效生态农业的内涵体现在三个方面:一是从传统的有机农业中汲取丰富的宝贵经验;二是注重农、林、牧、渔等各业的全面发展,努力拓展农业与第二、三产业之间的合作空间,实现多种经营;三是重视农业能源和生态环境的建设,互补地解决农村能源不足的问题。

高效生态农业具有五个方面的基本特征:一是以绿色消费需求为导向,体现农产品的绿色化、特色化与农业可持续发展的兼容性;二是以农业工业化和经济生态化理念为指导,体现农业集约化经营与生态化生产的有机耦合和经济社会生态综合效益的最大化;三是以农业资源集约、精细、高效和可持续开发利用为前提,体现资源节约型农业与精致型农业的统一性;四是以科技创新为农业增长主动力,体现高产优质技术与绿色安全技术的有机结合;五是以贸工农一体化的产业体系为支撑,体现专业化、企业化生产主体与产业化、社会化服务组织的有效连接。

(二)江西发展高效生态农业的战略意义

1. 发展高效生态农业是转变农业发展方式的重要路径

当今世界,农业发达国家已经实现农业现代化,并正在向更高水平迈进,发展中国家正在加紧探索和推进农业现代化,高效生态农业已经成为现代农业发展的必然趋势。通过发展高效生态农业,可把农业生产引上高效生态的轨道,寻求生产发展,经济增长与资源环境保护的协调、同步,有助于推动全省传统农业从单纯的生产型逐步向经济型、生活型、生态型、观光型和文化型等功能拓展,实现农业生产过程中的资源深度开发、环境保护、生态调节和生态循环,减轻资源和环境承载压力,以进一步优化生态资源,促进经济社会可持续发展。

2. 发展高效生态农业是应对资源短缺和市场竞争压力的必然选择

一方面,随着工业化、城市化快速推进,江西将和其他地区一样都将面临农业资源不足的压力。另一方面,随着人民群众生活水平的提高和健康环保意识的增强,人们对农产品质量的要求越来越高,对无公害、有机农产品的消费更趋热衷,农产品"绿色壁垒"的压力逐渐增大。因此,走高效生态农业发展路子既是应对顺应国内外农业发展趋势,又是应对各种压力和挑战的必然选择。

3. 发展高效生态农业有利于实现由农业大省向现代农业强省的跨越

江西是一个农业大省，但目前依然呈现大而不强的状态，因地制宜，多措并举，走高效生态农业的路子，发展高效生态农业，是实现由农业大省向现代农业强省跨越的必由之路。这是因为，在当前背景下，只有发展高效生态农业才能将农业发展与生态文明建设结合起来，大幅度提高全省农业的总体水平和综合素质，有效提升农业科技水平和农产品的市场份额，并实现农民收入的持续增长，真正体现农业发展的由大变强。

4. 发展高效生态农业是建设美丽乡村的必要一环

在全省加快美丽乡村建设进程中，通过推进传统农业生产方式向高效、生态生产方式转换，可以减少不可再生资源的消耗，控制和减轻农村面源污染，保护和恢复农业生态环境，促进农业的可持续发展，为建设美丽乡村提供好山好水。另外，将发展高效生态农业与建设美丽乡村相结合，可改变传统农业生产经营形态，提高对资本、科技等生产要素的吸纳能力，接受工业成果和城市文明的辐射带动，为农业注入发展活力，有助于推动城乡统筹，并为贫困地区农民脱贫致富、实施扶贫开发提供机遇。

（三）江西发展高效生态农业的比较优势

1. 生态优势明显，农业资源丰富

一是江西为亚热带湿润气候，日照充足，降水丰沛，无霜期长，利于高效农业生产。二是江西生态系统较齐全，山地、平原和湖泊等地貌类型均有分布，总体呈现为"六山一水二分田，一分道路和庄园"的特点，全省耕地面积4633万亩（其中水田面积3765.8万亩），水面面积2500万亩，森林覆盖率高达63.1%，适合农林牧副渔等的交叉工作。三是江西物种资源丰富，有利于各种特色动植物的养殖和培育，具有较高的经济价值，发展休闲农业前景广阔。

2. 区域布局清晰，区位优势独特

近年来，江西着力推进优势产业向优势产区集中，初步形成了赣抚平原产区、鄱阳湖平原产区、吉泰盆地产区和赣西高产片组成的粮食主产区，环鄱阳湖水产品主产区，赣中片和京九、浙赣线生猪主产区，赣江沿线、环鄱阳湖水禽主产区，环南昌、大广高速沿线带、济广高速沿线带蔬菜主产区，赣东北、赣西北、赣中、赣南茶叶主产区，及南橘北梨中柚水果主产区，为江西各类高效生态农业的集聚化、规模化、区域化发展提供了良好的条件。同时，江西是长三角、珠三角和港澳等地重要的农产品供应基地，江西农业发展的区位优势明显，农产品市场空间巨大，随着与这些地区及国外地区的开放合作的日益加深和水陆空交通与农产品物流网的日趋完善，其独特的区位优势将为江西高效生态农产品进入和占领沿海消费市场甚至国际农产品市场提供跳板。

3. 农业基础较好，农业品牌响亮

江西农业人口比例较大，农村区域覆盖面积广，自古就是全国的"鱼米之乡，绿色之源"。粮、猪、油、菜、水产等主要农产品产量在全国占有重要地位，2018 年江西粮食生产实现"十五连丰"，农产品特别是绿色食品和有机食品在国际、国内市场上具有很强的竞争力和发展潜力。江西绿茶、赣南脐橙、南丰蜜橘、军山湖大闸蟹、广昌白莲、泰和乌鸡、崇仁麻鸡等农产品品牌知名度不断提升，一批优质的农业产业化龙头企业也正在蓬勃发展，2019 年全国农业产业化龙头企业 500 强中有 34 家江西企业上榜。

4. 政策环境优越，惠农力度加大

近年来，江西各项惠农政策和"三农"投入力度不断加大，率先在全国出台了《关于实施和谐秀美乡村建设工程的意见》、《江西省现代农业体系建设规划纲要》，为江西高效生态农业的发展提供了前所未有的机遇。随着惠农政策的进一步实施，江西高效生态农业发展的软硬件环境日益完善，南昌市新建区绿源井冈油茶专业合作社、江西金山食用菌专业合作社、永修县易家河柑橘专业合作社入选 2018 年度全国百强农民专业合作社。2018 年全省农业科技进步贡献率达到 59.02%，主要农作物良种覆盖率 96% 以上，这些都为高效生态农业的发展提供了良好的支撑。

二、江西生态农业发展现状

(一) 整体呈现量增质升局面

近年来,江西以现代生态农业示范区为引领,粮油、蔬菜、水果、茶叶、生猪、水禽、油茶等主导产业蓬勃发展。2019 年江西实现农林牧渔业增加值 874.9 亿元,比上年增长 2.2%。2018 年江西省粮食总产量 2190 万吨,居全国第 13 位。2018 年全省农林牧渔业总产值 3148.6 亿元,按可比价格计算,比上年增长 3.5%。粮食继续稳产丰产。全年粮食总产 438.1 亿斤,连续七年稳定在 420 亿斤以上,列历史第五高产年份。畜禽生产总体趋好。猪肉产量 246.3 万吨,比上年下降 1.3%;牛肉产量 12.5 万吨,增长 3.4%;羊肉产量 2.1 万吨,增长 6.6%;禽肉产量 63.2 万吨,增长 3.9%。截至 2018 年底,全省共有"三品一标"产品 5335 个(其中无公害农产品 2780 个、绿色食品 647 个、农产品地理标志 83 个、有机食品 1825 个),全国绿色食品原料标准化生产基地 46 个、面积 840.34 万亩,全国有机农业(德兴红花茶油)示范基地 1 个、面积 3.8 万亩,荣获国家级农产品地理标志示范样板(崇仁麻鸡、余干辣椒)2 个,累计创建省级绿色有机农产品示范县 38 个。江西绿茶、赣南脐橙、南丰蜜橘、鄱阳湖水产、泰和乌鸡等品牌知名度日益提高,大批名优农产品走出境外、走向世界。

(二) 特色生态农业集聚效应明显

全省各地根据区域农业发展基础和条件,不断推进特色农业向优势产区集聚,生态农业的集聚效应逐步增强,优势农产品区域化生产格局初步形成。已经形成了以鄱阳湖、赣抚平原、吉泰盆地粮食主产区和赣西粮食高产片为主的"三区一片"优质稻生产基地,占全省粮食总产的七成以上;形成了赣南脐橙主产区,2019 年赣州市脐橙种植面积就达到 162 万亩、产量 122 万吨,产值 129 亿元;形成了以赣中优势片和浙赣线、京九线为主的"一片两线"优质生猪生产基地,占全省的四成以上;形成了以环鄱阳湖为主的特色水产养殖基地,占全省水产品总量的近四成。

（三）农业产业化进程不断推进

近年来，江西农业龙头企业和农民专业化合作组织持续发力，农产品加工企业开始由单个企业发展向集群发展转变，农产品精深加工水平不断提高，2019年前三季度，江西规模以上农产品加工业企业同比增加262家，达2867家；农产品加工业总产值同比增长4.5%，达到近4200亿元。江西农业产业化省级龙头企业共871家，其中农业产业化国家重点龙头企业有40家。2019年全国农业产业化龙头企业500强榜单中，江西农业产业化龙头企业有34家企业上榜，同比增加12家。农产品加工业领域实现了由过去少数特色产业到覆盖全省所有主导产业和地方特色产业的转变，农产品加工链条不断延长，产品附加值不断提高，主要农产品加工率达50.4%。农业企业与农户合作关系更加密切，强社富农效果更加明显，全省所有设区市均实现了"一村一社"，特别涌现出了像正邦集团、双胞胎集团、煌上煌集团等大型农业产业化龙头企业。

（四）林下经济成为新的经济增长点

江西山地面积占总面积的64%，依托全省林地资源丰富、水热条件优越、生态环境良好的有利条件，加速推进林下经济示范基地建设，林下种植、林下养殖、林下产品采集加工、森林景观利用等发展方式日益成熟，全省林下经济逐步成为生态农业的一个新的增长点，2018年林下经济经营规模达3865万亩，较上年增加7.1%，全省林下经济总产值达1533亿元，排在全国首位。

（五）休闲农业发展新格局逐步形成

全省以农村和农业资源为基础，将农业与旅游业相互结合，积极开展示范创建、打造美丽田园、挖掘重要农业文化遗产、推介休闲农业创意精品等工作，逐步形成了"政府引导、农民主体、社会参与"的休闲农业发展新格局。2018年，江西乡村旅游接待游客3.6亿人次，旅游总收入3400多亿元，分别占全省旅游总人数及旅游总收入比重为52.2%、41.7%，基本实现了从旅游业配角到主角、从零星分布到全域发展、从单一模式到多元业态的转变。

（六）农业循环经济建设成效显著

近年来，全省不断健全沼气服务体系和推进沼气工程，形成了农村户用沼气、养殖场大中型沼气、养殖小区和联户沼气、秸秆集中供沼气和大中型畜禽养殖场沼气工程等多种形式。以沼气为纽带，猪—沼—果、猪—沼—菜（草）、猪—沼—林、猪—沼—鱼等循环农业发展迅速，被农业部确定为"南方生态模式"，为农业资源的循环和高效利用提供了重要保障，通过对"三沼"即沼液、沼气、沼渣的综合利用解决了养殖污染和农产品废料的问题，又促进了生态、绿色有机农业的发展。

三、江西高效生态农业发展模式选择

全省各地根据区域农业特点、优势和技术经济发展水平，按照"高产、优质、高效、生态、安全"的总体要求，积极探索现代农业发展道路，依托技术进步、产业融合和资源、能源循环利用，形成了一批具有代表性的高效生态农业发展模式。

（一）以沼气利用为纽带的循环农业发展模式

全省坚持"政府主导、农民主体、企业参与"的原则，各地因地制宜，采用"人畜分离，粪尿干湿分离、雨污分流减排、沼气配套、种养结合循环利用"方式，以沼气利用为纽带，将种养结合，形成了具有代表意义的猪—沼—果循环农业发展模式，既解决了养殖废弃物污染问题，又产生了良好的经济效益、生态效益和社会效益。江西在逐步推广这一做法的同时，结合各地不同的农业特点，通过加大技术引进和创新力度，创造性地把种养的种类范围扩大，将猪拓展到其他畜牧，把果拓展到鱼、菜、稻、花，衍生出猪—沼—稻、猪—沼—花生、牛—沼—菜、猪—沼—甘蔗，全省初步形成了赣东南以牧—沼—果为主，赣中以牧—沼—菜、牧—沼—粮为主，赣北以牧—沼—鱼为主的种养结合的循环农业发展模式。

该模式是以养殖业为龙头，以沼气建设为中心，串连种、养、加工等产业，广泛开展沼气综合利用，按模式化、标准化运作的综合性现代农业生产方式。从近年的实践成果来看，以沼气利用为纽带的循环农业模式是发展高效生态农业的极佳切入点,是解决资源浪费、环境污染和生态保护等一系列问题的有效突破口,加之江西作物秸秆类和禽畜粪便类农业废弃物资源丰富,所以该模式具有很好的实践和推广价值。

(二)以延伸农产品链为手段的加工农业发展模式

江西通过"龙头企业+农户"、"合作社+农户"、"基地+农户""订单农业"等模式,积极扩张专业化、规模化、标准化农产品基地,积极培育引进农产品精深加工企业。围绕主导产业和优势特色产业,重点实施了粮食、生猪、家禽、水产、水果、蔬菜、毛竹、中药材等大宗农产品加工项目工程。重点发展了冷鲜猪肉、低温肉制品、水禽加工产品、淡水鱼类加工等,农产品加工链不断延长,产品附加值不断提高。水稻产业实现由稻谷输出到以品牌大米和大米深加工产品输出的转变,蔬菜、果品采后商品处理化率达到25%,基本实现了加工、冷藏、包装一条龙,加工农产品种类由单个品种向系列化产品方向发展。

近年来,以绿色食品为代表的江西加工农业发展迅速,但与山东等现代农业强省相比,江西的农产品加工转化增值水平还较低,农产品优势未充分转化为经济优势,加工农业发展空间巨大。进一步强化江西工农业之间的互相渗透,大力推广以延伸农产品链为手段的加工农业发展模式,对实现江西农业产业升级和农业大省到现代农业强省的跨越意义重大。

(三)以林下空间为载体的林下农业发展模式

林下经济是以林地资源和森林生态环境为依托,以林下种植、养殖、采集、初级加工、森林景观利用为主要形式,开发利用林地资源和林荫空间的复合生产经营活动。近年来,江西根据林地资源丰富,水热条件优越、生态环境良好的特点,依据水、温、土、地貌等条件确定适宜树种及其密度,按种群生态与生态位原理加以合理配置,发展了林油、林苗、林药、林菌、林菜、林禽、林驯、林游等产业。并形成了松脂、食用香精香料、竹笋、山野菜等采集加工模式,形成了油茶林套种间作、橘园养土鸡、竹园养土鸡等互利共生的林下农业发展模式。同时,在产学研带动下，全省形成了林—花—游、林—草—禽、林—果—草—禽等多元组合模式。

该模式是在大地域上依据水、温、土、地貌等条件确定适宜树种及其密度，在具体小地块上则按种群生态与生态位原理加以合理配置，因地制宜发展农、林结合产业的现代农业生产方式。江西森林资源丰富，2/3 的县是林业重点县，发展林下农业具有巨大的潜力和优势。随着城镇化对农业发展空间的挤压，努力发展林下种植、林下养殖、林下产品采集加工、森林景观利用等林下农业既有利于保护森林生态资源，又能向林地要经济效益，推进贫困地区加快发展和老百姓的脱贫致富。

（四）以农旅融合为重点的休闲农业发展模式

观光休闲农业是适应经济社会发展的休闲时代到来的需要，有利于开发农业文化功能和生态功能，是提高农业综合效益的一种有效探索。近年来，通过开展省级休闲农业示范县、示范点认定工作和强化休闲农业创业和服务体系建设，在鄱阳湖流域、自然湿地等具有独特自然景观的区域，主要发展了生态型休闲观光农业；在新农村示范区和民俗文化浓郁的乡村，主要发展了农家乐、渔家乐等生活体验型休闲观光农业。此外，如赣南国际脐橙节、南丰蜜橘节、婺源油菜花节等既促进了开放农业的发展，也增添了旅游业发展的活力。农（渔）家乐、休闲农庄、观光采摘园、文化生态旅游园、饮食旅游、休闲乡村等休闲农业发展模式已经成为全省高效生态农业发展的重要形式。

休闲观光农业发展模式充分结合了标准农田建设、特色农业发展和新农村建设，使第一产业的农业具备第三产业的性质，是提高农业效益的一种有效探索，实现了农业、旅游业、生态环境等的共赢发展。随着休闲时代的到来，充分发挥江西农业、农村资源优势，推广以农旅融合为重点的休闲农业发展模式对挖掘新的经济增长点具有重要意义。

（五）以综合开发为目的的立体农业发展模式

近年来，全省结合地形多样，农业资源种类丰富的地域特点，着力加快山—水—田立体开发，积极引导农民根据农作物特点进行作物套种，种养结合,实行稻田养鱼鸭、莲田养鱼、鱼(蚌)—果(橘、菜、草)等一系列立体种养模式。通过加大科研、资金、信息等方面的扶持力度,鼓励农民在山上开发以脐橙、油茶等为主的经济林,依托山塘、水库、河泊发展水产多层混养、肉禽规模养殖,发展了稻鸭共生、莲鱼共处、果禽共荣等立体种养模式。

立体农业把耕植业和养殖业在空间和时间上进行优化组合,充分挖掘了各种农业资源的生产潜力,同时像鱼猪共生、莲藕泥鳅共养等模式实现了各种农产品之间的有效互补,并解决了农业废弃物和农业污染的问题。江西有 2/3 的国土面积是山地,呈现"六山一水二分田"的地形特点,这是一种契合江西农业发展特点的有效模式。

(六)以农超对接为代表的农贸互动发展模式

近年来,江西为加快农产品流通体系建设,减少流通成本,不断加快农超对接工作,一大批农超对接项目获得支持和财政补助。依托优质农产品生产基地,通过"农超对接"连锁配送网络和产供销平台,冷冻鲜肉、蔬菜、水果等鲜活农产品直接进入超市、商场,满足消费者的需求;有些地区已经拓展到学校和企业等更多区域,形成了农校对接、农企对接等新型生产销售消费模式。在农超对接的引领下,全省无公害、绿色、有机农产品已陆续进入沃尔玛、华润万家、麦德龙、大润发等大型连锁超市。

该模式是农户和商家签订意向性协议书,由农户向超市、菜市场和便民店直供农产品的新型流通方式,主要是为优质农产品进入超市搭建平台,其本质是将现代流通方式引向广阔农村,将千家万户的小生产与千变万化的大市场对接起来,构建市场经济条件下的产销一体化链条。随着大型连锁超市和产地农民专业合作社的快速发展,江西大部分地区已具备了鲜活农产品从产地直接进入超市的基本条件,以农超对接为代表的农贸互动发展模式具有较大的推广价值。

四、江西实施高效生态农业发展模式的对策建议

（一）加快转变农业发展方式，促进高效生态农业区域化、集群化合理布局

1. 巩固传统农业优势，提升特色农业生态化水平

着力发展具有较好发展基础的绿色水稻、绿色生猪、绿色家禽、绿色水果、绿色水产、绿色蔬菜、绿色茶叶、绿色中药八大优势特色产业。结合国家优质粮食产业工程标准粮田建设、国家中低产田改造工程，以沼气工程建设为纽带，保证鄱阳湖平原粮产区、赣抚平原粮产区、吉泰盆地粮产区、赣西粮食高产片等"三区一片"粮食主产区域粮食稳定增产和效益提升。通过充分利用农业空间和大力推广优质良种，保证赣中北油菜、赣中南花生和赣中芝麻等为核心油料生产优势区域油料生产的单产和品质。通过区位优势和农产品物流建设，发展赣南脐橙、赣中南丰蜜橘、赣东北与赣西北茶区，鄱阳湖棉花核心区、赣西麻等特色经济作物。积极推广猪—沼—果、发酵床养猪等生态养殖模式，对畜禽、水产业进行合理布局，建成一批优质高产高效畜禽、水产品生产基地，重点发展以赣中片为重点的生猪产业生态化、规模化养殖，沿赣江、抚河水禽优势带和环鄱阳湖水禽优势区，发展环鄱阳湖区和赣中湖库聚集区特种水产生态化养殖。

2. 以农产品精深加工为切入点，建立完善以农副产品加工为主体的农业产业链

以大力实施重大加工项目为抓手，围绕传统优势农产品，实施大宗农产品加工项目工程，对生猪、家禽、水产、水果、中药材、毛竹等进行精深加工，延伸农产品链条，提高农产品附加值。重点发展稻谷精深加工，特种水产和淡水鱼类加工产品，水禽加工产品，冷鲜猪肉、低温肉制品，和以供港为主的蔬菜商品化处理与冷冻配送深加工，实现农产品多层次、多环节转化增值。围绕优势农产品和本土产品，积极推动农业产业链向上游、下游延伸，大力构建种植、养殖、加工、销售一条龙的完整产业链，努力实现绿色农业产业集群发展。

3. 挖掘林下农业和休闲农业发展潜力，进一步拓展高效生态农业多元化发展空间

对于林下农业，要根据不同地域的地形地貌和区域林业特点，以东、南、西三面环山地势和中北部湖滨平原腹地为总体布局，以家庭或合作社为主体开发和吸引社会资本投入以龙头企业为主体，发展生态型、环保型、科技型林产业；灵活选择林—花—游、林—草—禽、林—果—草—禽等各种适宜模式，形成资源培育与加工利用相结合的林业产业带；加快建设以袁州、渝水、分宜、上饶、德兴、遂川、永丰、兴国、上栗等为重点的油茶丰产林基地，在赣东北、赣西北、赣南建立一批家具生产集聚区，发展南昌市郊花坛草皮基地、宜春花木基地和京九沿线花卉苗木基地；并在全省着力打造林下种植、林下养殖、林下初级产品加工、林下景观利用示范基地。对于休闲农业，要扎实推进全省休闲农业示范县、示范点认定工作；依托特色种植业、养殖业的产业基础，大力发展果蔬采摘、休闲垂钓、农事体验、水上活动等近郊型观光农业，培育一批休闲旅游农业示范县，着力打造一批休闲旅游农业标准化示范园区（基地），重点建设南昌、赣州、吉安、宜春等一批现代农业示范园区；依托信丰脐橙节、南丰蜜橘节、樟树药材节等，大力发展民俗风情观光农业。

（二）推进农业科技创新与推广，强化高效生态农业发展科技支撑

1. 加大对农业科技研发的财力和政策支持力度

根据农业结构战略性调整要求，优化农业科技资源的配置，合理布局农业科研、推广机构，注重研发和推广与精致型农业产业相配套的标准化高效绿色农业技术。鼓励现代生物技术、设施技术、节能技术的应用，对应用先进适用农业技术、先进农业设施和机械的要给予财力支持。继续支持户用沼气、养殖小区和联户沼气、大中型沼气工程、乡村服务网点等项目建设，通过新技术试点示范、技术培训，为全省农村以沼气利用为纽带的"猪—沼—果"等发展模式提供技术支撑。

2. 加强农业科技试验示范和推广

加强对高效栽培、健康养殖、疫病防控、农业节水等领域的科技集成

创新，完善农技推广综合站建设。以农技推广机构为主导、农村合作经济组织为基础，逐步形成全省农业科教单位和涉农企业广泛参与、分工协作的高效生态农业技术推广体系。围绕立体空间种养殖、沼气利用、现代休闲观光农业、工厂化农业、林下空间利用等新型生产方式，大力推广沼气利用技术、测土配方施肥技术和绿色植保农药减量技术、农村清洁能源开发与节能技术、农业环境污染综合整治和污染物净化处理技术和无公害农产品等生产技术。鼓励龙头企业、农业示范园区、各类专业合作社和协会与科研机构联合，走产学研相结合的道路，提高科研成果产业化水平。

3. 培养服务高效生态农业的科技型农民

实施新型职业农民培育试点，通过科技下乡、文化下乡、短期培训、田间地头指导等方式，使农民掌握高效生态农业发展模式所必需的各种知识和技术。增加农村科技推广队伍的门类，提高推广人员的素质，通过新技术、新产品和适用设备的农用补贴，加快高效生态农业发展模式在农民中的应用和普及。

（三）扶持农业龙头企业和农业合作组织发展，着力提升农业产业化经营水平

1. 强化农业龙头企业的引领带动作用

以组织化、规模化和产业化为方向，通过外引内联、联强联大，在粮食加工、林下农业、休闲农业、农产品综合利用等行业中，培育扶持一批加工规模大、市场竞争力强、辐射带动面广的大型龙头企业；鼓励企业延长产业链，加快发展绿色食品精深加工。积极引导龙头企业进园入区，扶持建设一批主导产业突出、集聚效应明显、产业链条完整、辐射带动能力强的农业产业化示范区；培育休闲农业、农产品加工，粮食高产、林下农业等不同类型、独具特色的高效生态农业示范基地。积极推动农业产业化龙头企业提高农副产品加工、运输、储存、保鲜能力，将农产品即时市场需求变为长远和多元市场需求。

2. 发展多形式的农民新型合作组织

加快林权管理服务机构建设，规范林地林木流转，充分保障农民土地

承包经营权，着力培养新型经营主体，提高农户集约经营水平，扶持联户经营、专业大户和家庭农场，加速构建以家庭专业化生产为基础的高效生态农业经营体制。加快出台扶持合作社发展的政策意见，重点发展粮食生产合作社，积极发展农旅合作社、农林合作社和工农合作社，并着力推动合作社规模和效益的同步提高。

3. 建立高效生态农业利益共享体系

充分发挥农业龙头企业的引领作用和专业合作组织的组织效能，完善龙头企业与农户之间的利益联结机制。通过产业链延伸和组织协调，在若干个特色农业支柱产业特别是在国际市场上占有较大份额的产业率先建立起"龙头企业＋专业合作组织＋专业农户"的高效生态农业发展组织体系，使发展成果覆盖企业和产业链条上的农户。

（四）加大农业品牌建设力度，不断提升农产品品质

1. 科学选择特色农产品

省、市、县要因地制宜，加快制定高效生态农业发展规划，根据当地特色农业发展基础和相应农产品的经济效益与生态效益，选择市场前景好、可成长性与附加值高的经济作物和养殖业；结合当地沼气利用、林业资源、旅游资源和立体空间，选择适合当地的高效生态农业发展模式，并形成相应的长效机制，保证其发展的持续性与稳定性。

2. 全面推进高效生态农业标准化生产，提高农产品质量和安全水平

从农药、肥料农资生产供应到农业生态环境整治等各个环节都要体现农业标准化清洁生产的要求，加大对高效低残留的生物农药、有机肥生产的支持，加大对土地和水污染的治理。加强农产品质量检测检验体系和农产品质量认证体系建设，加强对农产品的检测检验，建立农产品准入制度和质量可追溯系统，全面把握农产品质量，实现从田头到餐桌的全程质量监控，提高农产品质量档次。同时要加快推进全省"三品一标"工作，建立与国内外先进标准接轨的绿色农业标准化体系。

3. 打造高效生态农产品

围绕"生态鄱阳湖、绿色农产品"主题，加大农产品市场开拓力度，

加快开放型农业发展步伐，办好上海、广州、香港等农产品推介展销会和中国赣州国际脐橙节等活动。支持特色农产品标准化、品牌化建设，提升农产品市场竞争力。积极鼓励标准化基地和示范区产品申报绿色食品、有机食品认证，申报国家名牌农产品、著名商标、驰名商标。

4. 开辟高效生态农产品消费市场

建立高效生态农产品绿色运输通道，满足城乡居民日益增长的健康消费要求。加强农产品运输环节的管理和协调，降低物流成本，提高流通效率。扶持发展农产品电子商务、连锁经营、直销配送等新型流通业态和现代营销方式。

（五）提升管理服务水平，营造高效生态农业发展的良好环境

1. 加强对高效生态农业的宣传和引导，牢固树立现代农业观念

加强对生态农业发展的指导和监督，部门间加强协调配合，形成发展生态农业的合力。深入开展以大宣讲、大调研、大试点、大服务，综合利用各种宣传手段，广泛开展高效生态农业发展、循环农业和生态环境知识的宣传、普及和教育，提高农业生产主体的农业循环意识，逐步形成现代高效生态农业的发展理念。

2. 落实各项支持高效生态农业发展的惠农政策

加大对绿色生态农业产业的扶持力度，设立高效生态农业发展专项基金和农业产业化专项资金，支持立体农业种养，休闲农业和林下经济发展，对脐橙、油茶、竹等特色农业每年设立专门资金支持。以"十百千万"活动为载体，落实好"四补贴三奖励"政策，认真实施能繁母猪、水稻、油菜、棉花等农业政策性保险。对高效生态农业生产的产品和服务，按照有关税法规定实行一定的税收优惠。鼓励和引导各类社会资本规范有序进入高效生态农业建设。

3. 改善高效生态农业发展条件

以重点水利骨干工程为重点，带动面上农业基础设施改造，进一步加大农村和农田面源污染综合治理力度。尽快地实施农村清洁能源工程全覆盖，切实做好工厂污染源和城市生活废水、废物的处理。深入开展园艺作

物标准园创建、棉花高产创建、"一亩园一万元"高效经济作物创建活动，健全完善蔬菜基地基础设施，加大果园、茶园标准化改造升级。加快制定休闲农业、林下农业等相关行业经营管理规范，完善行业标准与运行规则，逐步建立和完善信息交流平台和统计监测评价系统。

4. 完善高效生态农业生产服务机制

建立健全推进支持生态农业发展的制度和保护机制，各有关部门各司其职、密切配合，统一协调，建立"政府推动，市场拉动，企业带动，农民主动"的高效生态农业发展运行机制。构建农业社会化服务新机制，为农民提供全方位、低成本、便利、高效的生产经营服务。采取政府订购、定向委托、奖励补助、招投标等方式，引导经营性服务组织参与公益性服务，为农业生产经营提供低成本、便利化、全方位的服务，发挥经营性服务组织的生力军作用。积极搭建区域性农业社会化服务综合平台，开展农业社会化服务示范县创建，从基层入手务实推动农业社会化服务工作。抓好农业防灾减灾政策落实，建立防灾增产关键技术补助常态化机制。

专题2　以生态循环农业打造高标准生态经济体系
——浙江衢江的经验及对江西的启示

习近平总书记在全国环境保护大会上指出，要加快建立健全"以产业生态化和生态产业化为主体的生态经济体系"。基于江西以更高标准打造美丽中国"江西样板"和农业大省向现代农业强省迈进的阶段实际，为进一步明确"更高标准"定位指向，探索适宜的生产方式、体制机制、增值模式，进而推动江西打造高标准生态经济体系、助力现代农业强省建设，本文分析了习近平生态文明思想所蕴含的高标准，总结分析了获得G20峰会标准认可，成为国家"双安双创"典型发言城市衢江区的主要做法，提出了江西以生态循环农业打造高标准生态经济体系的对策建议。

江西正处于以更高标准打造美丽中国"江西样板"和农业大省向现代农业强省迈进的重要阶段。浙江衢江区的实践探索在一定程度上说明：将绿色生态与农业农村发展结合起来，构建以生态循环农业为主体的生态经济体系，可以实现产业生态化和生态产业化，做到经济发展和生态文明水平提高相辅相成、相得益彰。绿色生态是江西最大优势、最大财富、最大品牌，推进适宜地区构建以生态循环农业为主体的生态经济体系，或许可以成为江西以更高标准打造美丽中国"江西样板"和推进现代农业强省建设的一个有效突破口。

一、"更高标准"的内涵要求

"更高标准"是省委、省政府深入贯彻落实习近平生态文明思想重要体现，是江西在新时代推进生态文明建设的新要求、探索人与自然和谐共生的新方向、践行"绿水青山就是金山银山"的新突破、打造美丽中国"江西样板"的新作为。

2005年8月15日，时任浙江省委书记的习近平在浙江安吉余村调研时首次明确提出"绿水青山就是金山银山"的著名理论。"绿水青山可带来金山银山，但金山银山却买不到绿水青山"。"我们既要绿水青山，也要金山银山。宁要绿水青山，不要金山银山，而且绿水青山就是金山银山。"根据习近平总书记关于"两山"理论的辩证分析，从学理上能衍生出9种不同理论组合结果（见表1）。算得上"高标准"的结果有3种：经济保持现行增长速度且生态变得更加美好、生态保持现状且经济增长更快、生态更加美好且经济增长更快，其中，第3种标准最高。当前，虽然我国经济处于从高速增长转为中高速增长的新常态，但对江西来说，仍面临总量不大的问题，以2018年为例，江西地区生产总值在中部地区位列倒数第二，仅分别为河南、湖北、湖南、安徽的45.75%、55.85%、60.36%、73.27%。因此，建议将江西推进生态文明建设的"更高标准"定在"生态更加美好且经济增长更快"，即实现经济发展和生态文明的双提升，这也是习近平生态文明思中所蕴含的最高标准。

表1 "两山"辩证关系组合

经济发展 ＼ 生态文明	变坏	保持现状	变好
变慢	生态变坏、经济变慢（不可取）	生态保持、经济变慢（低标）	生态变好、经济变慢（低标）
保持现速	生态变坏、经济保持（不可取）	生态保持、经济保持（中标）	生态变好、经济保持（高标）
变快	生态变坏、经济变快（不可取）	生态保持、经济变快（高标）	生态变好、经济变快（高标＋）

二、高标准案例简介：浙江衢江区

衢江区是浙江衢州市辖区，地处浙闽赣皖四省边界，是典型的农业大区，拥有23.6万亩的耕地，90%以上人口为农业人口，解决好近30万农民的增收问题是当地政府的头等问题。衢江区曾是全国生猪调出大县，最高峰生猪年饲养量近300万头，且以分散养殖为主，养殖户达到3.8多户，过去猪屎、猪尿都是直排，对生态环境造成严重污染。以2012年为例，全区生猪饲养量281.46万头，排泄物排放量高达405万吨。此外，衢江区还曾是浙江最大的钙产业基地，拥有160多家石灰土窑及重钙、轻钙企业，空气污染较重。

近年来，衢江区突出问题导向和效果导向，把"两山"理论落小、落细、落具体，以环境整治为契机，全面深化生态文明制度改革，优化全域政策机制环境，构建以生态循环农业为主体的生态经济体系，实现"金山银山"和"绿水青山"双丰收。

"金山银山"：衢江区成为全国首个从全地域层面提供放心农产品的农

业大区；2016 年，衢江区农产品通过 3 家检测机构、58 项检验指标、100% 达标，被"史上最严苛"国宴标准认可、成为杭州 G20 峰会领导人专供食品；2017 年 11 月，衢江区作为全国唯一县级城市在全国食品安全示范城市创建和农产品质量安全县创建（"双安双创"）工作现场会上向中共中央政治局常委、全国政协主席汪洋（时任国务院副总理、国务院食品安全委员会副主任）作典型汇报。全国首个生态循环农业现场会、浙江最高规格农业会议——全省农业两区建设现场会等重要会议纷纷在衢江召开，国家农业农村部部长韩长赋说"你们把生态农业做成了艺术"，《人民日报》、新华社、中央电视台等国家主流媒体也纷纷报道。

"绿水青山"：衢江区成为浙江省重要生态屏障，境内的乌溪江水质治成华东地区最好的Ⅰ级地表水标准，成为全国 9 个生态良好的地区之一和国家森林城市、国家生态示范区，拥有 72.9% 森林覆盖率和 23 亿立方米水储量，空气负氧离子每立方厘米含量最高可达 1.5 万个。

三、主要做法

（一）重构生态循环农业生产组织方式，推动农产品全域放心

紧紧围绕全地域放心，从微观生产主体、中观园区平台、宏观激励政策等方面全方位发力，系统提升生态循环农业发展活力。

1. 以全域战略打造多功能大生态循环农业

率先将发展放心农产品作为全区重大发展战略，提出构建生态循环型农业体系、打造"全国农产品质量安全放心区"战略目标，全区已形成莲花板块、全旺板块、富里板块三大集传统农业、现代农业、智慧农业于一体的多功能大循环农业板块。

2. 以土地流转机制创新推动生产主体向家庭农场转型

建立土地信息资源库，推行土地所有权、承包权、经营权"三权"分离和租金、股金、薪金"三金"共享机制，推动土地整村、整区块流转，引导土地向家庭农场规模流转、家庭农场向农业"两区"规模集聚。2017年，全区家庭农场 1249 家、经营面积 15 万亩，其中经营面积达 100 亩以

上的有 800 家。

3. 以农业"两区"平台促进生产要素资源分类集聚

以莲花镇传统农业提升区为载体重点发展生态循环农业,园区内土地要"清洗"、质量"可追溯"已成为常态,不少家庭农场亩产效益高达数万元甚至 10 万元。以全旺镇高新农业发展区为载体重点推进新品种、新技术、新管理的应用,其中,总投资 2.78 亿元的三易易生态农业科技公司依托物联网技术,已着手建立国内最先进的生猪规模养殖基地,以及大棚环境实时监测、设施自动控制、果园环境智能监测、肥水一体集中远程控制等一系列信息化管理系统。以富里智慧农业发展区为载体重点推进农业资本化运作、农业创业孵化,计划通过改造,建成集粮食规模生产、智慧农业发展、新农村建设于一体的农村综合改革示范区。2017 年农业"两区"内家庭农场达 848 家,占全区家庭农场的 67.9%,农民收入比全区平均水平高出 30 个百分点。

4. 以政策激励引导农产品生产向"放心"前进

在政策保障上,每年安排 1000 万元的放心农业发展专项资金,用于加强农场主培训、产地环境治理、新品种试种推广、产品检验检测等环节补助;建立负面清单制度。在责任督考上,实施放心农产品发展三年行动计划,将重点工作任务转化为职能部门的责任状和承诺书,实行"分兵把守"的责任机制;将放心农产品发展工作列入区综合争先考核,对发生重大农产品质量安全事件实行一票否决制。在财政激励上,创新"以学代奖"财政激励方式,将部分农业项目贴补资金用于输送优秀农场主到台湾等地去找差距、拓视野、学标杆、提本领,仅 2015 年就组织 4 批次 120 余人次。在金融服务上,探索钢架大棚、农机具和土地经营权等抵押贷款,年均向农业经营主体授信 5000 万元以上;全国首创家庭农场政策性保险险种,新增小额农村家庭财产保险、小额人身意外保险、务工农民小额保险和农业生产小额贷款保证保险 4 个险种。在人才引进上,通过发放安家补助、购房补贴或发放人才津贴等政策,先后吸引博士生、海外归国精英、农业专家等高层次人才和大专生共 120 多人,示范带动当地农户 5000

多户。

（二）建立全生命周期监管机制，实现农产品全产业链放心

从制度层面入手，严格落实"四个最严"，研究出台了涵盖农产品生产、销售、监管三大环节的放心农业发展八大体系，确保全域农产品质量安全，重点把好三关：

1. 以源头治理和环境监测预警严守产地环境关

为了让水更清，全域推行洁水养鱼，投入5亿多元资金开展生猪养殖污染整治，全区生猪饲养量从2012年的281.46万头削减至2017年的36万头，养殖场户从3.83万户削减至100家规模养殖场，治出华东地区最好的一级地表水，值得一提的是，在生猪养殖收入锐减的情况下，农民收入始终保持10%以上的增速；为了让地更净，建立土壤环境监测预警体系，对全区家庭农场、企业的土壤环境进行普查、送检，做到环境不达标不种果菜；为了让天更蓝，将浙江最大的钙产业基地——上方镇的160家石灰土窑及重钙、轻钙企业一次性关闭。

2. 以安全承诺书和标准技术图严守标准生产关

通过与生产主体签订承诺书、建立红黑榜制度等一系列组合拳，倒逼生产主体按标准生产、诚信经营。建立一个主体、一套标准、一张模式图、一份生产档案、一个品牌"五个一"标准化工作机制，并由区、乡两级农技员结对指导、监督家庭农场"按标生产、按标上市"。严格把控农资生产经营资格关和市场准入关，开展农资监管、服务信息化建设，确保农资经营来源可查询、去向可追踪、出现问题可追责。

3. 以政府监管和企业自律严守产品准出关

在政府监管层面，建立以区检验检测中心为龙头，乡镇监测站、市场检测点为补充的农产品质量安全检测网络，乡镇（街道、办事处）农产品检测室配备率达100%，并实行免费对外开放，272个行政村配齐农村协管员，负责做好各村果蔬检查巡查、抽样送样等工作。家庭农场、龙头企业生产的农产品须自检合格，凭产地乡镇快检合格证明方可入市。在企业自律层面，严格执行生产档案制度，建立"农产品生产记录本"、在线监

控系统和质量安全快速检测室，完善农产品质量安全追溯信息管理平台，全区已有400多家生产基地产品实现二维码追溯管理。贴上二维码后，衢江许多产品从原先的论车卖、论斤卖，转向论个卖，如牡丹籽油3000元/公斤，突尼斯软籽石榴311元/个，红心火龙果20元/个，成为市场上的"金果果"。

（三）创新生态循环农业各环节增值模式，促进农产品全面增收

立足农民最关心的增收问题，从农产品生产、体验、流通、营销等方面不断探索新模式，多渠道、多路径破解农产品优质不优价和卖难问题。

1. 生产上探索出杜泽模式等生态循环模式

例如，茭鱼共养、茭鸭共养、废弃茭白叶综合利用的杜泽模式，可使茭白各项指标符合出口日本标准，价格高于市场价约0.9元/公斤，实现每亩增收5000多元。

2. 体验上探索出"周末免费直通车"模式

以广大家庭农场、龙头企业为田园超市，开通周末免费直通车，让消费者通过体验农事生活，打通农产品质量安全信任危机的"最后一公里"。

3. 流通上探索出"直供直销"模式

深化农社对接，推进放心农产品进社区，开设放心农产品城区直销店、社区直供点，与58个社区建立了长期稳定订单关系。深化农超对接，与联华超市、沃尔玛、东方商厦、市农贸批发市场等开展产销合作，设立衢江放心农产品销售专区，实现以销定产、以销带产。已在衢州市区开设蔬菜、瓜果等直销店10家，在各大超市开设专柜20余个。

4. 营销上探索出"双线联动"模式

线上，与衢州新农都合作建设浙江（衢江）农产品电子商务创新发展示范区，构建全渠道的农产品网络销售体系；同时，建成全国首家农村电子商务综合服务站——乡村淘、百特汇等一批电商平台，实行"网络订单+农场销售+物流配送"一条龙服务。全区乡村淘服务网点已达190家，辐射全区75%的行政村。线下，引进集农副产品交易、冷链仓储、物流配送、电商交易于一体的衢州新农都，解决区域内家庭农场、生产基地

的农产品销售问题。

5. 融合发展上探索出"农耕文化＋休闲旅游"模式

把发展放心农业与培育农耕文化、休闲旅游等产业相结合，打造盛世莲花国家4A级景区，分类分批建设旅游接待中心、生态停车场、休闲绿道、特色街区、月牙湿地公园等十大重点项目和五个核心旅游景点。自2016年创建国家4A级景区以来，一年时间就接待游客45万人次，开展休闲采摘游的生产基地亩均收益达到3万~5万元。

四、对江西的启示建议

（一）全面落实发展新理念

1. 践行"绿水青山就是金山银山"理念

逐步将生态环境优势转化为农业等产业发展优势，以更严格要求、更高标准加快制度创新、强化制度执行，在推动经济发展的同时实现生态文明水平的提升，实现生态惠民、生态利民。

2. 严格落实食品安全理念

顺应市场需求升级方向，将发展放心农产品作为重大发展战略，坚持将农产品质量安全作为农业生产的最高要求，把农产品质量安全作为农业供给侧结构性改革的重点任务，补充其与产品安全消费需求不匹配的"短板"。

3. 树立"大产业、大生态、大循环"理念

围绕突出问题和生态"短板"，强化顶层设计，着力构建有利于促进农业面源污染防治和现代生态循环农业发展的治理体系、政策体系和运行机制。

（二）建立集约节约型农业生产方式

1. 积极培育家庭农场

截至2017年3月，全省家庭农场2.7万个，种植养殖专业大户5.6万户，新型职业农民6.8万人。可进一步改变"小而散"的传统农业生产方式，积极推动更多生产主体向家庭农场转型，引导家庭农场向规模化、专

业化、集约化方向经营转型发展，促进家庭农场提效增收。

2. 做大做强农业"两区"

进一步加大"百县百园"建设工程实施力度，到2020年，确保打造300个左右的现代农业示范园区。对现代农业示范园区进行分类，可参考浙江分为智慧农业、高新农业等园区，对不同园区分类施对策，引导生产要素向农业园区分类集聚，智慧农业园区重点推进农业资本化运作、农业创业孵化等项目，高新农业园区重点推进新品种、新技术、新管理的应用。

（三）形成节约资源和保护环境的空间布局

1. 试点全域推进

鼓励适宜地区将生态循环农业发展融入区域顶层战略，开展整建制推进和现代生态循环农业示范区、示范主体创建，加快26县农业绿色发展，积极打造一批生态循环农业先行区和绿色农产品主产区。

2. 打造大循环系统

县级以下层面：在农业生产主体上应用种养配套、清洁生产、废弃物循环利用等技术，实现主体小循环；在农业园区内，推广环境友好型生态循环种养模式，优化布局园区功能，实现园区中循环；省、市层面，通过产业布局优化、畜禽养殖污染治理、种植业清洁生产、农业废弃物循环利用等，整体构建生态循环农业产业体系，实现区域大循环。

3. 优化产业结构

按照环境承载和绿色生态发展要求，严格落实畜禽养殖禁限养区规定，围绕江西现有的75个农业产业集群，进一步优化调整种植业、养殖业及其内部之间的产业结构。

（四）建立全域、全生命周期、全产业链监管机制

2017年8月，江西省食药监局对全省3大类食品193批次样品进行抽检，其中有13批样品不合格，食用农产品问题较多，食品安全问题还应进一步强化监管，从源头抓起。

1. 推行全域监管

建立省、市、区（县）、镇、村多级联动农产品安全检测体系，探索

建立以区（县）检验检测中心为龙头，乡镇监测站、市场检测点免费开放为补充，省、市抽查一票否决制的农产品质量安全检测机制。

2. 探索全生命周期监管

加快产地环境生态体系建设，建立健全以农业园区为重点、覆盖全省永久基本农田的土壤污染监测预警体系，开展土壤环境质量评价。制定主导特色农业标准化生产技术体系，加快建设一批统一农资供应、技术指导、生产管理、质量检测、产品销售的"五统一"标准化生产示范基地，建立安全承诺书机制。实施生产档案制度，建设农产品质量安全监管信息网，实行全程动态监控，严格落实上市农产品抽检制度，健全农产品二维码追溯管理体系。

3. 实施全产业链监管

严格落实"四个最严"，围绕产地环境保护、农资市场监管、农业标准生产、产品检验检测、质量安全溯源、生产经营诚信、技术服务支撑、多元营销市场等方面构建长效监管机制。

（五）推行多元化的增值模式

1. 推进"一、二、三"产联动发展

拓展农业生态功能，推进以农兴旅、以旅促农、农旅融合，依托优势农产品、农耕文化、田园景观、农业设施等，发展农产品精深加工、休闲观光农业、体验农业和创意农业，构建现代生态循环农业的多重功能融合的绿色产业。

2. 推广现代生态循环农业循环发展模式

推广畜禽养殖排泄物资源化利用模式，农作物秸秆综合利用模式，食用菌种植废弃物综合利用模式，农村沼气综合利用模式等多种模式。大力推广间作套种、水旱轮作、立体种植、林下经济、稻鱼（鳖）共生等环境友好、生态循环的新型农作制度和种养结合创新模式。

3. 推广"技术＋"农业模式

推广"机器换人"、"设施增地"及钢架大棚、玻璃温室、喷灌滴灌等集约化生产技术。推进"互联网＋"在现代生态循环农业发展中的运用，构建全渠道的"互联网＋"农产品网络销售体系，建设全省现代生态循环农业智能化信息服务系统。推广智能化生产控制技术，智能化远程服务技术，智能化实时监管技术。

（六）构建灵活高效的体制机制

1. 创新土地流转机制

截至 2016 年，江西推动农村土地流转面积 1150.2 万亩，流转率仅为 36.2%，还有进一步空间，应继续加大农村土地排查力度，建立土地信息资源库。深化农村土地流转改革，推动适度规模经营，探索整村整组制土地流转，探索建立土地所有权、承包权、经营权"三权"分离和租金、股金、薪金"三金"共享机制。

2. 创新配套激励机制

探索"以学代奖"财政激励方式，重点用于输送优秀农户、农场主等进行学习、培训，推动财政资金使用导向由"输血式"向"造血式"转变。不断完善金融服务支持，探索建立适合江西省情的农村家庭财产保险、小额人身意外保险、务工农民小额保险和农业生产小额贷款保证保险等险种。完善人才激励机制，加大博士生、海外归国精英、农业专家等高层次人才吸引力度，引导高层次人才从事生态循环农业。

3. 创新保障约束机制

设立生态循环农业发展专项资金，用于加强农场主培训、产地环境治理、新品种试种推广、产品检验检测等环节补助。争取制定出台江西省农业资源环境保护的地方性法规，明确限制和规范影响农业生态环境的约束性规定，明确农业生产主体的污染治理责任，明确农业环境保护与建设相关制度措施及各部门管理职责，对发生重大农产品质量安全事件实行一票否决制。

专题3 江西现代农业装备产业发展调查与思考

现代农业装备是用于现代农业生产过程的先进农业机械和设备，是农业现代化最核心的物质基础，也是中国制造明确重点发展的十大领域之一。加快现代农业装备产业发展，实现农业装备自主化，对促进农业增产增效和加快农业现代化进程具有重要意义。作为传统农业大省，面对中国制造的战略机遇，江西应把现代农业装备产业作为提升农业综合竞争力的重要抓手，大力培育和发展现代农业装备产业，加快推动传统农业大省向现代农业强省转变。

一、江西现代农业装备产业发展面临的形势

（一）新一轮农业装备市场需求有待释放

随着农业现代化进程的加快，国内对农机产品的需求处于快速增长期。据国家统计局数据，2018 年 1~10 月我国规模以上农机企业主营业务收入 2311.04 亿元，2018 年农机总动力达到 10 亿千瓦。虽然我国已经成为农机制造第一大国，但 2018 年农业耕种收综合机械化水平仅为 67%，农业装备有效供给明显不足，仍然缺少先进适用装备。以约翰迪尔、凯斯纽荷兰、爱科、克拉斯、赛迈道依茨法尔为代表的全球五大农业装备企业已经全部进驻中国，未来农业装备市场将由农机市场刚性需求为主逐步转向更新改善性需求为主，自动化、智能化、信息化、精准化将成为现代农业装备的发展趋势。

（二）现代农业装备产业政策持续利好

随着农机装备被列入中国制造十大重点领域之一，国家密集出台了一系列扶持现代农业装备发展的利好政策。2016 年 10 月出台的《全国农业

现代化规划（2016—2020）》中，农机装备产业被纳入农业对外合作重点领域，同时"智能农机装备"重点专项项目正式启动，围绕智能农机装备应用、关键共性技术与重大装备开发、典型应用示范等环节进行突破。根据2016年12月农业部、工信部、发改委三部委联合发布的《农机装备发展行动方案》，通过实施农机科技进步与创新、关键零部件发展、产品可靠性提升、公共服务平台建设、农机农艺融合五大专项，实现农机装备制造能力提升和促进现代农业发展的战略目标，到2020年全国农作物耕种收综合机械化率将达到70%。2017年7月农业部办公厅发布《关于加快农机购置补贴政策实施促进农业供给侧结构性改革的通知》，指出对支持农业绿色发展的农业装备实行敞开补贴，未来还将扩大农机报废更新补贴实施范围，加快淘汰耗能高、污染重的老旧机械，推广应用符合"国三"标准的动力装备，促进农机节能减排。

（三）江西现代农业装备制造体系初步形成

江西初步形成涵盖耕整机械、植保装备、收获机械、收获后处理机械、动力设备及关键零部件等较为完整的现代农业装备制造体系。先后引进了马恒达悦达、科里亚、星光农机等一批现代农业装备企业，绿萌科技已经成为国内果蔬采后处理设备行业的领军企业，占据国内果蔬采后高端设备75%的市场份额，并出口至11个国家。江铃集团旗下的协和传动公司入选2016年中国农业机械零部件龙头企业。中航天信提出了全新的无人机农业植保业务模式，发布了"天敌Ⅱ+天信云网"无人机植保系统，赢得广大农户认可。

江西现代农业装备产业涵盖类别及代表性企业如表1所示。

表1　江西现代农业装备产业涵盖类别及代表性企业

产品类别	代表性企业
动力设备	江西马恒达悦达拖拉机有限公司
耕整机械	南昌旋耕机厂有限责任公司、南昌中天农机有限公司、南昌八马机械制造有限公司、江西鼎立农业机械有限公司、江西良田农业机械有限公司、江西赣宝农业装备有限公司

产品类别	代表性企业
植保装备	中航天信航空科技有限公司、江西新和莱特科技协同创新有限公司
收获机械	四方农业机械制造有限公司、江西赣发农机制造有限公司、星光农机、江西群欢农业机械制造有限公司、江西宏旺农业装备有限公司
收货后处理机械	江西天泉热能科技有限公司、江西海帝升科技有限公司、宁丰农业机械制造有限公司、赣迪农业机械制造有限公司、婺源江湾农机制造有限公司、婺源五岳茶叶木竹机械制造有限公司、江西大隆重型工业有限公司、江西绿萌科技控股有限公司、大余天润农业机械制造有限公司、江西盈丰农业机械制造有限公司、广昌莲盛机械制造有限公司、江西开门子现代农机装备有限公司
设施农业装备	江西金顺农业机械科技有限公司、江西京南农业设备有限公司、裕盛农业发展有限公司、益晨农业温室科技有限公司、江西赣达电通机械有限公司
畜牧养殖装备	江西现代农业装备科技有限公司
农业装备关键零部件	南昌江铃集团协和传动技术有限公司、江西远耕农业机械股份有限公司、江西金马农业科技有限公司

二、江西现代农业装备产业发展存在的主要问题

（一）重大平台与高端人才短缺，自主研发能力较弱

现代农业装备涉及机械研发制造、智能化应用、信息化等诸多方面，除一定的技术积累外，还需要长期的研发投入和试验。在农业部支持建设的 15 个现代农业装备重点实验室中（见表 2），江西现代农业装备重点实验室未被列入国家支持范围。同时，根据《制造业人才发展规划指南》对人才需求的预测，2020 年农机装备产业的人才缺口高达 16.9 万人，而江西农机装备人才更是明显缺乏，高等院校对农业装备专业人才的培养滞后，高端专业人才供给不足。

（二）龙头企业偏少，产业集聚效应不明显

与山东、河南、江苏、浙江等农业装备大省相比，江西现代农业装备产业仍然呈现龙头企业规模小、产业聚集度不高的特点，马恒达瑞拉、四

方农机、星光农机、科里亚等具有较强市场竞争力的企业均为省外引进。从龙头企业规模看，本土培育的企业相比山东、河南、浙江等地培育的雷沃、时风、莱恩、星光等龙头企业在规模上仍有一定差距。从产业集聚度看，江西仅南昌、新余两地形成了一定规模，仅新余建设了农机产业园，而山东、河南、江苏、浙江的农业装备产业链则较为完备，产业集聚程度高。从发展路径看，江西尚未明确现代农业装备产业发展的重点方向和模式，而山东、河南、浙江早已明确自主研发、整合创新的发展路径，江苏则采取以市场换技术的发展模式，引进多家现代农业装备跨国企业带领本土品牌发展。

表2　农业部支持建设的15个现代农业装备重点实验室

类别	实验室（站）名称	省份
综合性重点实验室	农业部现代农业装备重点实验室	江苏
专业性/区域性重点实验室	农业部旱地农业装备技术重点实验室	黑龙江
	农业部水田农业装备技术重点实验室	广东
	农业部丘陵山地农业装备技术重点实验室	四川
	农业部草原畜牧业装备技术重点实验室	内蒙古
	农业部渔业装备与工程技术重点实验室	上海
	农业部土壤—机器—植物系统技术重点实验室	北京
	农业部植保工程重点实验室	江苏
	农业部农产品产地处理装备重点实验室	浙江
	农业部节水灌溉工程重点实验室	河南
	农业部西北农业装备重点实验室	新疆
	农业部长江中下游农业装备重点实验室	湖北
	农业部热带作物农业装备重点实验室	海南
	农业部农机动力与收获机械重点实验室	山东
	农业部种子加工技术装备重点实验室	甘肃

（三）产业资金缺乏，专项支持强度不足

从国家层面看，政府对农业装备的资金支持持续增长，国家先进制造产业投资基金已有 6 亿元投向农机企业；科技部"十三五"时期科技计划也有 3 亿元资金拨付；智能农机装备重点专项项目已经正式启动实施（见表 3）。从省级层面看，部分省份研发投入力度加大，山东投入 8300 万元财政资金，扶持 67 个农机装备研发项目；广东投入 1000 万元，搭建产学研试推平台；江苏投入 1800 万元，实施农机"三新工程"等，创新驱动农业机械化发展正在形成共识。就江西而言，对农业装备产业的扶持仍以销售端的设备购置补贴和基础设施建设扶持为主，省级层面仅有中国制造 2025 专项资金对现代农业装备企业提供扶持，对制造端的支持强度明显不足。

表 3　国内部分省份对现代农业装备的专项支持情况

省份	专项支持	涉及项目
江苏	农业科技自主创新引导资金	农机和农艺技术研发创新
	省级战略性新兴产业发展专项资金	高端农业装备研发
	现代农业重点研发计划	农业物质装备创新
山西	重点研发计划"农谷"研发专项	设施及智能化农业装备技术开发
	现代农机科技引进试验项目资金	农机技术及机械引进试验
山东	农机装备研发创新项目资金	农机装备研发创新
浙江	省战略性新兴产业专项资金	现代农业装备产业技术创新
湖南	制造强省专项资金	农业机械产业发展
广东	科技发展专项资金	现代农业装备关键技术研发
贵州	脱贫攻坚投资基金	农业装备智能化

三、江西加快现代农业装备产业发展的对策建议

（一）提高研发能力，推进技术创新

1. 加快农业装备制造创新平台建设

以省农业机械研究所、现代农业装备重点实验室为龙头，在南昌、新余、赣州等农业装备产业形成优势和特色的地区分别建设平原装备、山地

丘陵装备和采后处理装备协同创新中心。突出企业创新主体地位,以绿萌科技等创新性农业装备企业为示范,推动农业装备企业加快新技术研发和产品更新换代。

2. 加强关键技术研发和引进

依托江西在智慧农业建设、收获后处理装备研发、农业装备关键零部件生产、无人植保装备等方面的优势与特色,大力推动农业环境信息感知技术、先进传感技术、农业装备定位导航技术与装置等关键共性技术研发和引进,加大收货后处理机械、植保装备等优势领域研发力度,支持企业及相关机构申报烘干机械、精量植保机械、山地丘陵农机、农业机械导航等国家"智能农机装备"重点专项项目。

3. 健全农业装备制造人才结构体系

支持江西农业大学、江西现代农业机械研究所以及省内优势企业加入中国现代农业校企联盟,依托全国农业装备人才链、师资链,重点在农业装备数字化设计、农业装备智能化、农业机械先进制造领域引进一批专业技术人才和高技能领军人才。鼓励省内高校开设农业装备相关专业,支持江西农业大学建设农业装备人才培养基地。

(二)完善发展载体,集聚龙头企业

1. 规划建设现代农业装备产业基地

以南昌、新余、赣州为重点,结合农产品主产区和农业装备产业优势,依托已形成一定集聚效应的小蓝经开区、新余农机产业园、信丰工业园,会聚一批农业装备领域高端人才,聚焦大型化、智能化、精准化、信息化的中高端现代农业装备,主攻水稻果蔬生产全过程装备、温室大棚设施装备、山地丘陵装备的设计、研发与制造,全力打造具备一定区域影响力的现代农业装备产业基地。

2. 引进现代农业装备产业链关键配套企业

针对平原农业装备,采取市场换技术策略,瞄准美国、德国、日本等国外大型农业装备企业,重点在设计、制造环节引进一批国外项目,力争在平原收获机械、耕整机械领域引进若干大型企业。针对农业装备关键零部件生产，鼓励省内企业与江苏、浙江、山东等农业装备大省加强合作，推动省外优秀农业装备关键零部件生产企业落户江西。

3. 培育壮大本土优势企业

以绿萌科技、南昌旋耕机、四方农机等企业为核心，依托已有技术积累，集中整合优势资源，重点在山地果园联合作业装备、山地运输装备、果蔬采后处理装备、智能温室大棚等领域加大研发力度，扩大技术优势。鼓励省内大型农业装备企业联合国内外工业设计团队开发面向山地丘陵现代农业的小型智能化农业装备，支持省内农业装备领域优势企业积极参与国内外现代农业装备研发团队投资和企业并购重组。

（三）推进多行业协同，强化跨领域融合

1. 加快农机农艺一体化步伐

以水稻、油菜、花生、果业等主要作物全过程机械化为目标，在鄱阳湖平原、赣抚平原、吉泰盆地、赣南丘陵盆地四大省内粮食主产区，规划建设若干个农机农艺融合示范园。加强农作物种植技术操作规范与农业装备设计、研发、制造关键环节的对接，探索农艺服从农机的农业机械化新模式，试点由农业装备企业主导的农作物种植技术培训，从农业装备供给侧调整农作物生产方式。

2. 推进设施农业与休闲农业结合

依托"百县百园"工程已建成的现代农业科技示范园，突出智能温室大棚、自动化流水线种植、农业物联设备、农业智能传感器等在休闲观光农业中的应用，通过休闲观光农业发展带动设施农业装备普及应用，扩大设施农业装备市场，加快设施农业装备发展。

3. 构建农业装备消费新模式

借助农机360网、中国农机网等国内领先农业装备电商平台和"赣农宝"、"农来了"等本土农业电商平台，创新农业装备产品电子商务模式，构建高效互动对接的农机O2O电商公共服务平台，打通产、销、用、管农机流通环节。探索"互联网＋乡镇店"模式，通过互联网平台为村民提供农机产品营销、资金和培训服务。

（四）加强政策扶持，优化发展环境

1. 尽快明确现代农业装备产业发展方向

国内现代农业装备发展重点方向基本确定，应抓住国家支持现代农业装备产业发展的政策机遇，依托现有农业装备产业基础，结合江西现代农业的特点，尽快推动现代农业装备纳入现代农业强省建设的重要内容，制定支持现代农业装备产业发展的实施意见，明确现代农业装备产业的发展目标、重点方向和具体举措，引导全省现代农业装备产业加快发展。

2. 设立现代农业装备产业发展专项资金

统筹专项资金、省级制造业产业投资基金、省级农业产业化专项资金等，设立省现代农业装备产业发展专项资金，重点用于农业装备技术创新与转化、特殊人才引进、重点项目引进和扶持、孵化基地运营、产业园区和服务平台建设等。发挥财政资金的引导和放大效应，引导、撬动金融资本和其他社会资金投入现代农业装备产业发展中。

3. 加快现代农业装备服务平台建设

完善农业装备数据应用服务平台，拓展农业数据云和农业物联网平台功能，将农机作业信息、农业地理信息、气候土壤信息、智能农机决策支持信息等应用功能统一进行平台管理。建设农业装备质量技术基础平台，以省农业机械产品质量监督检测中心为核心，发展区域性农业装备检验检测认证机构，提升关键零部件和整机测试鉴定能力。

专题4　以田园综合体促进江西农村三产深度融合的思考与建议

田园综合体由农业综合体、农旅综合体等发展而来，正在成为推进农业供给侧结构性改革、促进农村"一、二、三"产业融合发展的重要选择。自 2017 年中央一号文件首次提出田园综合体后，财政部确定在 18 个省份开展田园综合体建设试点，江西被列为全国首批田园综合体建设试点省份。江西具有丰富的农业资源、悠久的农耕传统和广阔的乡村村落，面对"农业大而不强、农民多而不富、农村广而不美"的问题，应跳出传统抓农业、跳出农业抓农村，大力推进田园综合体建设，持续推动农业增效、农民增收、农村增绿，努力走出一条具有江西特色和比较优势的农业农村融合发展新路子。

一、江西具有建设田园综合体的现实需求与发展潜力

（一）农业大而不强、农民多而不富、农村广而不美，要求江西加快打造田园综合体

近年来，江西从农业供给侧结构性改革入手，着力延伸农业产业链和价值链，多措并举促进农民增收，大力培育农村新产业、新业态、新模式，农业农村呈现新发展，现代农业强省建设迈出了坚实步伐。但无论是横向还是纵向比较，"农业大而不强、农民多而不富、农村广而不美"的问题仍然是制约江西农业农村发展的重要"瓶颈"，主要表现在：一是农业产业化水平偏低，龙头企业带动能力较弱。江西现有国家级农业产业化重点龙头企业 40 家，不仅低于山东、江苏、浙江、福建等沿海发达省份，也低于河南、湖北、安徽、湖南等中部省份。农产品品牌"散、小、弱"现象突出，在 2019 胡润品牌榜中，全国共有 12 家食品企业入围，但无一家江西企业。二是农民增收面临结构性制约，持续增收难度较大。2018 年江西省农村居民人均可支配收入为 14460 元，比全国平均水平低 157 元，农民人均可支配收入中，工资性收入和经营净收入达 11393 元，占比达 78.8%，成为农民收入的主要来源，而从土地流转、集体资产等获得的财产性收入占农民收入比重较低。同时，在家庭经营性收入中，第二、第三产业收入占比偏小，发展较慢。三是农村人居环境整体落后，美丽乡村建设任重道远。全省共有行政村 1.6 万个、自然村 16.9 万个，广阔的村庄分布，使农村"脏乱差"现象较为突出，农药化肥面源污染较为严重，加

之农村基础设施和公共服务设施建设相对滞后，环境污染事件时有发生。

现阶段，传统的农业农村发展模式已经难以适应建设富裕美丽幸福江西的要求，亟须拓宽思路、创新举措，而集生态农业、休闲旅游、田园社区于一体的田园综合体，为江西统筹解决"农业大而不强、农民多而不富、农村广而不美"的问题提供了新思路、新举措。首先，田园综合体突出了融合，通过农业综合开发，延伸拓展农业产业链和价值链，实现农村"一、二、三"产业深度融合；其次，田园综合体突出了"为农"，通过建立涉农企业、合作社和农民之间的紧密型利益联结机制，让农民充分参与和受益；最后，田园综合体突出了"生态"，通过构建生态循环农业链条，保持农村田园风光，实现生态可持续。

（二）田园综合体在全国范围逐渐进入落地期，要求江西大力建设田园综合体

自国家田园综合体建设试点启动以来，江苏、浙江、重庆、山东、河南等省市纷纷制定试点计划和细化方案，创新实践模式，一批田园综合体项目相继落地，代表性项目有：一是无锡市田园东方。位于"中国水蜜桃之乡"江苏无锡市惠山区阳山镇，由东方园林产业集团投资建设，为国内首个大型田园综合体项目。项目以桃乡独特的桃林、山地资源为依托，包含现代农业、休闲文旅、田园社区三大板块，规划有农业产业项目集群、乡村旅游主力项目集群、田园主题乐园、健康养生建筑群等。二是嵊州市蓝城农庄小镇。位于浙江嵊州市甘霖镇，由蓝城集团投资建设、蓝城农业具体实施。项目以"农业＋养老"为切入点，单个农庄占地面积约 20 亩，主体是一栋落地约 500 平方米的中式宅院，户外为由前庭、后院、菜园、农田构成的"庭院园田"四级体系。三是重庆市香水百荷田园综合体。位于重庆潼南区太安镇，由重庆袁朝农业集团投资建设。项目将"农事体验、创意农业、科普教育"等元素融合在一起，充分依托当地地理风貌，采用多功能成片化建设模式，打造了太空莲荷塘、农艺工坊、露营基地、稻田泳池等项目。四是临沂市朱家林田园综合体。位于山东临沂市沂南县岸堤镇。项目以农民专业合作社、农业创客为主体，包括创意核心区、创

意农业区、休闲度假区、加工仓储物流服务区等,其中创意核心区包括织布主题民宿、青年旅社、木作主题民宿实地、乡村生活美学馆等。五是洛阳市凤凰山田园综合体。位于河南省洛阳市孟津县平乐镇,由洛阳凤凰山集团投资建设。项目集循环农业、创意农业、观赏型农业、农事体验于一体,配套建设了休闲旅游项目、农耕体验项目、养殖认知项目、采摘认养项目以及亲子体验项目等。

国内部分省份围绕田园综合体的实践探索,为江西推动田园综合体建设提供了思路与借鉴,也要求江西必须加快推进田园综合体建设。从代表性项目的基本架构看,田园综合体主要包括农业生产区、生活居住区、文化景观区、休闲聚集区、综合服务区等功能区域。这些功能区域之间不是机械叠加,每一个区域承担各自的主要职能,各区域之间融合互动,形成紧密相连、相互配合的有机综合体。

(三)休闲农业、新型农业经营主体与土地流转快速发展,江西发展田园综合体潜力较大

田园综合体是以农业生产为基础,以农业合作社为主体,以农村土地为载体,以休闲观光度假为核心,以农业综合开发为手段,以农民充分参与和受益为目标的乡村综合发展模式。近年来,江西大力发展休闲农业和乡村旅游,着力培育新型农业经营主体,稳步推进农村土地确权与流转,为打造田园综合体提供了有利条件,主要体现在:

一是休闲农业与乡村旅游发展走在全国前列。江西80%以上的旅游资源集中在农村。截至2018年,江西省乡村旅游接待游客3.6亿人次,旅游总收入3400多亿元,分别占全省旅游总人数及旅游总收入比重为52.2%、41.7%,全国休闲农业与乡村旅游示范县、示范点及美丽休闲乡村的数量占全国的比重也较大。万年县稻作文化被农业部评为"全球重要农业文化遗产"和"中国重要农业文化遗产",崇义县上堡客家梯田被评为"中国重要农业文化遗产"。二是新型农业经营主体培育走在全国前列。截至2017年3月,全省家庭农场2.7万个,种植养殖专业大户5.6万户,新型职业农民6.8万人。三是农村土地确权与流转走在全国前列。截至

2016年底，全省农地确权证书到户率达95.7%，进入全国农地确权登记颁证工作第一方阵，建立11个市级、102个县级、1454个乡级农村土地流转服务中心，推动农村土地流转面积1150.2万亩，流转率达36.2%。

二、江西建设田园综合体的初步实践及存在的主要问题

（一）田园综合体建设初现雏形

江西以田园综合体建设为契机，全力推进农村"一、二、三"产业深度融合，因地制宜打造了多个具有田园综合体雏形的项目，实现了农业多功能拓展。

1. 南昌县黄马·凤凰沟田园综合体

位于南昌县黄马乡，规划面积20平方千米，其中核心区8平方千米。核心区形成了"八区三馆一站一基地"的整体格局，分别是观赏植物展示区、高效茶业展示区、高效蚕业展示区、现代果业展示区、现代养殖展示区、蔬菜瓜果展示区、高科技展示区、娱乐服务区、农机展示馆、蚕桑丝绸文化馆、地震科普体验馆、江西省现代农业院士工作站、水稻高产创建示范基地。

2. 高安市巴夫洛田园综合体

位于高安市大城镇与祥符镇，核心区规划面积15平方千米，涉及2个乡镇、12个自然村、482户农户。主要由"一谷一园一镇"组成，一谷即巴夫洛生态谷，包括现代循环农业示范区、农耕文化体验区、乐龄中医药康养区等；一园即巴夫洛农产品电子商务产业园，涵盖农产品电子商务平台、冷链仓储物流中心等项目；一镇即巴夫洛风情小镇，包括巴夫洛生态谷入口综合服务区和巴夫洛中心村。

3. 靖安县百香谷田园综合体

位于靖安县高湖镇，核心区规划面积约3平方千米，总投资约3亿元。主要分为苗木培育、果蔬采摘、魅力苗田、精品种植园、服务中心、农庄体验、民俗体验、养殖基地、开心农场等不同园区。目前，"四季有花有果、农旅医养一体化"的大框架日渐清晰，健康养老社区、生态环保教育

基地、创意农业等项目稳步推进。

4. 吉水县春天文创观光农场

位于吉水县文峰镇，规划面积约1.5平方千米，总投资5000万元。围绕文创与农业两个核心主题，打造集循环农业、创意农事、农事体验于一体的"三位一体"农业文化旅游田园综合体。百亩花海项目已完成播种，水上餐厅已投入使用，露天咖啡卡座正抓紧建设，一期志鸿农庄正进行改造提升，景区基础设施进入施工后期。

除此之外，新建县溪霞田园综合体、婺源县瑶湾田园综合体、资溪县大觉溪田园综合体、渝水区南英垦殖场田园综合体、湘东区桃源村色田园综合体、芦溪县紫溪田园综合体等一批项目也在前期论证和积极推进中。

（二）田园综合体建设尚处于探索起步阶段

江西田园综合体建设整体处于规划布局中，缺少成熟的落地案例，覆盖范围较小、融合深度不足，与江苏、浙江、重庆、山东、河南等省市相比存在较大差距。

1. 发展模式单一，创意挖掘不足

江西田园综合体多数是从休闲观光农场、休闲农业园区转变而来，仍停留在"吃农家饭、住农家屋、游农家园、摘农家果"的低层次开发，缺乏创新与特色，特别是地方特色体现不充分，对田园风光、风土乡俗的挖掘不深入，未能形成特有的发展模式。同时，寓教于乐、主题鲜明的创意活动不够丰富，农业参与式、体验性项目开发偏少，农产品创意、主题公园创意、农业节庆创意、产业融合创意等创意型农业发展较为滞后。

2. 建设主体单一，农民参与不足

在具有田园综合体雏形的现有项目中，除黄马·凤凰沟田园综合体外，巴夫洛田园综合体、百香谷田园综合体和春天文创观光农场的建设主体分别为江西巴夫洛生态农业科技有限公司、江西百香谷生态农业有限公司和江西志鸿绿色生态农业开发有限公司。农村集体组织、农民合作社特别是农民参与不足，入股分红等紧密型利益联结机制尚未形成，对农民增收的带动作用还远未得到释放，核心景区与周边农村的联动作用也比较弱。

3. 配套设施单一，综合功能不足

田园综合体既不是单纯的休闲农业园区，也不是传统意义上的乡村。从江西现有田园综合体建设来看，主要以观光体验、休闲度假功能为主，过多地注重观光休闲旅游设施建设，忽视了现代农业设施及生活配套设施建设，涉农公共服务供给不足。观光采摘、农事参与、科普教育、餐饮娱乐等设施建设较为完善，但缺乏对高品质村民社区的规划与打造，新型农场、农村电商、客栈民宿、体验中心、康养中心等配套设施建设较为滞后。

4. 政策扶持单一，发展资金不足

江西对田园综合体建设的扶持仅仅局限在国家试点项目，对自发开展的田园综合体建设项目缺乏支持，用地、用水、用电、税收等配套政策尚需完善。同时，田园综合体建设主要以新型经营主体的"小敲小打"为主，金融机构对林权、土地承包经营权、农村住房产权等的抵押贷款控制比较严，社会资本参与不足、渠道不畅，加之农村配套设施建设落后、农民专业技能水平较低，加重了经营者的负担，制约了田园综合体建设。

三、江西加快推进田园综合体建设的对策建议

（一）坚持"生态农业＋休闲旅游＋田园社区"，大力推进农村"一、二、三"产业深度融合

1. 以生态农业为基

借力田园综合体发展契机，围绕田园资源和农业特色，以绿色、循环、安全为主打品牌，深入推进农业标准化、清洁化生产，加快发展无公害、绿色、有机农产品，全力打造地标性特色农产品。在田园综合体核心区，积极探索高效生态循环农业模式，大力推广化肥农药减量增效技术，建立农业清洁生产技术规范和标准体系，实现农产品质量安全从田头到餐桌的全程可追溯。

2. 以农耕文化为魂

在田园综合体建设过程中，把农耕文化作为文化资源和景观资源加以

开发利用，加强对农耕文化的保护和传承，加大对农耕文化的深入挖掘，大力发展农耕体验旅游，着力建设农耕文化展览馆、农耕文化体验区，积极推出果蔬采摘、畜禽认养、果树认种等农耕体验活动，做强以农耕文化为主题的休闲农业与乡村旅游品牌。

3. 以美丽田园为韵

以绿色田园和美丽乡村为基础，以原住民生活区域为核心，尊重乡村本来面貌和群众风俗习惯，加强"田园＋农村"基础设施建设，大力推进田园社区建设。统筹农村生产、生活、生态布局，在田园综合体内设置不同的功能场所，在增强田园综合体吸引力的同时，最大限度地保留原汁原味的田园风光和乡村风貌。

（二）突出"新建＋改建＋共建"，推动形成一批具有江西特色的田园综合体

1. 新建一批田园综合体

以南昌、赣州、上饶、宜春、吉安为重点，在城市郊区和垦殖场、农场等区域，挖掘山水、田园、村落、农业资源，融合产业功能、休闲功能、文化功能、社区功能，通过引入东方园林产业集团、蓝城集团、华盛绿能农业科技有限公司等知名企业，建设集农业生产、农事体验、农家风情、休闲观光、居民住宅、社区配套等于一体的新型田园综合体。

2. 改建一批田园综合体

选择基础条件较好、文化较有特色的美丽乡村建设试点村，通过循环农业、创意农业、智慧农业、农事体验的导入，逐步改造成为田园综合体，实现农村生产生活生态"三生同步"。对于一些有优势、有特色、有规模的现代农业示范园区和休闲农业园区，通过推介农业创意精品、挖掘农业文化遗产、打造美丽田园社区，提升改造成为田园综合体，实现农业文化旅游"三位一体"。

3. 共建一批田园综合体

对于涉及相邻乡镇若干村庄、具备打造成为田园综合体的区域，以集中连片的特色农业、特色景观、特色文化为纽带，以相对集中的自然村

落、特色片区为开发单元，采取全域统筹、整体联动、协同推进的方式，联合开发和建设一批跨区域的大型田园综合体，保护好乡村的自然生态、田园风光、乡风民俗和农耕文化。

（三）强化"合作社＋企业＋基地＋农户"，着力实现田园综合体的共建共享

1. 强化农民合作社的主要载体作用

按照"农民合作社＋农民"的模式，以田园资源和农业特色为依托，大力培育和发展农民专业合作社，引导农民自愿以土地、房屋等入股合作社，由合作社出资或引进资金，进行田园综合体的开发、建设和运营，让农民充分参与和受益。

2. 发挥农业产业化龙头企业的引领带动作用

按照"企业＋农民"或"企业＋农民合作社＋农民"的模式，引导龙头企业与周边农户建立订单收购利益联结关系，由龙头企业收购农户生产的优质农产品并进行加工包装，采取"保底＋分红"等方式，让农户分享加工销售环节收益。

3. 提升农产品生产基地的集聚辐射作用

按照"基地＋农民"或"基地＋农民合作社＋农民"的模式，突出生产基地的专业化、区域化、规模化建设，通过土地流转、股份合作、代耕代种、土地托管等方式，把村集体组织或农户分散的土地集中起来，并把农民就地吸纳为农业工人。

（四）抓好"试点示范＋平台搭建＋政策统筹"，全面激发田园综合体建设动力

1. 打造一批田园综合体试点示范项目

抢抓江西列入全国首批田园综合体建设试点省份的有利时机，在黄马·凤凰沟田园综合体、高安巴夫洛田园综合体两个国家级试点项目的基础上进一步抓好典型、扩大宣传、营造氛围，争取更多的项目列入国家级试点范围。选择一些有条件、有特色、有潜力的项目，建立省级田园综合体试点项目库，每年从项目库中择优选择若干项目推荐申报国家级试点。

2. 搭建田园综合体建设平台

围绕田园综合体的建设目标和功能定位，打造涉农产业体系发展平台，完善社区公共服务设施和功能。借鉴海南建设经验，大力发展以民宿客栈为主要特征的共享农庄，打造一批农家乐联合体，推出一批"民宿＋农地"休闲养生产品。根据田园综合体的自身条件及不同特色，加强与携程、去哪儿等知名旅游电商的合作，打造田园综合体电子商务平台。

3. 集中相关政策支持合力

统筹现代农业示范园区、休闲农业园区、美丽乡村等现有政策，制定出台田园综合体专项扶持政策，全面支持田园综合体建设。探索解决田园综合体建设用地问题，允许通过村庄整治、宅基地整理等方式盘活的建设用地，重点用于支持田园综合体的建设，同时要避免出现大拆大建、遍地开花的现象。统筹各渠道支农资金支持田园综合体建设，综合运用补助、贴息、投资基金、农信担保等方式，撬动金融和社会资本投向田园综合体建设。

专题5　推动"品牌强农"成为新时代江西乡村振兴重要引擎的调查与思考

当前，我国已进入质量兴农、品牌强农的新时代，农业品牌建设已经成为大力实施乡村振兴战略、推动传统农业向现代农业转变的重要抓手。近年来，江西农业品牌建设取得一定成效，但整体呈现"散、小、弱"的状况，特别是在全国叫得响、有影响的品牌数量少，与农业大省的地位极不相称，与现代农业强省建设的目标还有很大差距，亟须加大品牌建设力度。因此，要实现江西由传统农业大省向现代农业强省跨越，走出一条具有江西特色的乡村振兴之路就必须在农业品牌建设上出实招、下实功，着力塑造品牌特色，增强品牌竞争力，打造一批农业知名品牌，让"品牌强农"成为江西推进乡村振兴的重要引擎。

一、江西农业品牌建设面临的现实困境

（一）"三品一标"农产品位居全国前列，但数量和比例仍有较大提升空间

近年来，特别是自列入全国首个绿色有机农产品示范基地创建试点省以来，江西充分利用优越的农业生态环境，大力推进"三品一标"认证登记，"三品一标"农产品数量呈现加速增长的态势。截至 2018 年底，全省共有"三品一标"产品 5335 个（其中无公害农产品 2780 个、绿色食品 647 个、农产品地理标志 83 个、有机食品 1825 个），全国绿色食品原料标准化生产基地 46 个、面积 840.34 万亩，全国有机农业（德兴红花茶油）示范基地 1 个、面积 3.8 万亩，荣获国家级农产品地理标志示范样板（崇仁麻鸡、余干辣椒）2 个，累计创建省级绿色有机农产品示范县 38 个。从"三品一标"农产品数量看，尽管江西处于全国及中部地区前列，但与浙江、山东等先进省份相比仍有较大的差距。截至 2017 年底，浙江、山东"三品一标"农产品数量分别达 7986 个和 7508 个。从"三品一标"农产品占比看，江西"三品一标"农产品总量占食用农产品商品总量比例也不高，"三品一标"农产品数量与认证企业数量的比例比较低。相比之下，截至 2017 年底，浙江主要食用农产品中"三品"认证比率达 50.6%，山东"三品一标"农产品数量与认证企业数量的比例达 2∶1。

（二）农业区域公用品牌知名度持续扩大，但品牌价值和声誉仍有较大提升空间

根据第六届品牌农商发展大会发布的"2017 最受消费者喜爱的中国农产品区域公用品牌"，赣南脐橙、南丰蜜橘、广丰马家柚、庐山云雾茶、宁红茶、遂川狗牯脑、瑞昌山药、广昌白莲、泰和乌鸡、高安大米 10 个品牌成功入选，占入选总数的 1/10。但是，在"2017 中国百强农产品区域公用品牌"中，江西仅有南丰蜜橘、信丰脐橙、寻乌蜜橘 3 个品牌入选，全部为果业品牌，且品牌总价值仅为 99.55 亿元。而全国排名前两位

的山东、浙江分别有 18 个和 13 个品牌入选，品牌总价值分别达到 782.38 亿元和 434.71 亿元，同为中部的河南、安徽也各有 4 个和 5 个，品牌总价值分别达到 190.39 亿元和 132.82 亿元；在"2017 中国农产品区域公用品牌网络声誉 50 强"中，江西仅有赣南脐橙、庐山云雾茶、广昌白莲 3 个品牌入选，且分别位列全国第 15 位、第 37 位和第 40 位，而河南信阳毛尖高居全国第 9 位，安徽祁门红茶位列全国第 14 位。

（三）农业企业品牌影响力日益提升，但整体实力和竞争力仍有较大提升空间

近年来，江西农业产业化步伐不断加快，先后培育了正邦集团、双胞胎集团等超百亿的标杆领军企业，正邦集团和双胞胎集团已连续多年进入中国企业 500 强和中国民营企业 500 强之列，打造了万年贡米、金农米业等一批超 10 亿元的大型企业集团。但是，从国家级农业产业化龙头企业数量看，江西仅有 40 家，不仅低于山东的 88 家、江苏的 60 家、浙江的 51 家，也低于河南的 60 家、湖北的 48 家、安徽的 48 家、湖南的 42 家。从"2018 农业产业化龙头企业 500 强"看，江西共有 22 家企业入选，远低于山东的 80 家，也低于河南的 37 家、湖南的 30 家、安徽的 27 家。从 2018 年中国 500 最具价值品牌看，江西上榜农业企业品牌仅双胞胎集团 1 家，不管是品牌价值还是排名都比较靠后，与河南双汇、湖北稻花香等品牌差距明显。从在全国有影响的农业企业品牌看，正邦集团、双胞胎集团主要为饲料企业品牌，食用农产品企业品牌的知名度和影响力有限。

（四）农产品品牌建设力度不断加大，但品牌形象和市场份额仍有较大提升空间

随着"生态鄱阳湖、绿色农产品"推广力度的加大，赣南脐橙、南丰蜜橘、江西绿茶、鄱阳湖水产等绿色农产品在国内市场的知名度日益提升，"金佳""玉珠"等多个大米品牌入选中国名牌产品或中国驰名商标。但是，优质农产品在市场上难以形成鲜明的形象，整体品牌形象及市场占有率有待于进一步提升。从中国驰名商标数量看，江西农产品（不含烟

草、酒类和林业产品）共有 42 件中国驰名商标，与湖南的 135 件相比差距明显。从 2017 年全国名特优新农产品名录看，江西没有 1 个粮油类产品入选，而湖北、安徽、湖南、河南分别有 13 个、11 个、4 个和 3 个；仅有 3 个蔬菜类产品入选，而湖北、河南、安徽、湖南分别有 12 个、6 个、5 个和 4 个；仅有 1 个果品类产品入选，而湖南、安徽、湖北、河南分别有 8 个、7 个、5 个和 3 个；仅有 2 个茶叶类产品入选，而安徽、湖北、河南、湖南分别有 21 个、13 个、8 个和 3 个。

二、导致江西农业品牌建设困境的主要原因

（一）农业区域公用品牌、企业品牌、产品品牌尚未实现有效联动

一方面，一些农业产业化企业只是把目光聚焦在打造自身企业品牌和产品品牌上，忽视了区域公用品牌的塑造。例如，江西规模以上大米加工企业品牌达 435 个，加上其他品牌，品牌总数达上千个，但区域公用品牌建设相对滞后，缺乏在全国叫得响、有影响的区域公用品牌，与稻米生产大省的地位明显不符。另一方面，部分农业产业化企业不愿意打造企业品牌和产品品牌，只想靠着区域公用品牌的大树"躺着赚钱"。例如，江西有茶叶生产企业近 400 家，并且打造了以遂川狗牯脑、婺源绿茶、庐山云雾茶、浮梁茶、修水宁红茶为代表的"四绿一红"区域公用品牌，但仅江西宁红集团有限公司、江西武夷源茶叶股份有限公司、上犹犹江绿月食品有限公司、婺源鄣公山茶叶实业有限公司 4 家企业入选"2018 年中国茶叶百强企业"，且分别名列第 33 位、第 59 位、第 87 位和第 100 位，不仅入选企业数量名列中部倒数第 2 位，而且实力与湖南茶叶集团股份有限公司（名列第 1 位）、湖南湘丰茶业集团有限公司（第 4 位）、湖北萧氏茶叶集团有限公司（名列第 7 位）相比差距明显。

（二）农业生产经营主体市场意识、竞争意识、品牌意识不强

尽管江西生态环境好、农产品质量优，但由于农业生产经营主体市场意识、竞争意识、品牌意识不强，导致农产品生产管理较为粗放，初加工产品品牌多，精深加工产品品牌少。农业部门的调查显示，市场对优质稻

需求较大，且效益较高，每亩优质稻产值超过 3200 元，发展潜力巨大，但江西优质稻种植面积仅 800 万亩左右，占比不到 20%。同时，全省种植的优质稻品种繁杂，种类多达几十个，规模化水平欠缺，难以做到"优质优价"，带农增收能力不强。另外，部分农业生产经营主体对无公害农产品、绿色食品、有机食品、农产品地理标志认证的积极性也不够高，特别是生态原产地产品保护工作较为滞后。江西仅有会昌米粉、宁都黄鸡通过国家生态原产地产品保护认定，尚无一个地区获批国家生态原产地产品保护示范区，而河南、安徽、湖南、湖北、山西分别有 54 个、25 个、13 个、9 个和 6 个产品通过国家生态原产地产品保护认定，并且均有多个地区获批国家生态原产地产品保护示范区。

（三）农业品牌标准体系、评价体系、推广体系有待完善

一是农产品"有标不依"或者"无标可依"的问题较为突出。江西农产品标准体系建设较为滞后，一些标准的技术内容较为陈旧，与国际、国内先进标准衔接不够，缺乏可操作性，且现有标准大多零散分布在不同的部门或企业，导致农产品标准化程度较低。二是农业品牌评价体系亟待建立。各级部门主要通过"三品一标"认证数量来衡量农业品牌建设工作的优劣，尚未建立科学、系统的评价体系。三是农业品牌推广方式较为单一。江西主要通过举办或组织参加国内外农产品交易会（博览会）等传统方式进行农产品品牌推广。尽管农村电商得到快速发展，但电商体系仍不完善，特别是缺乏大型电商运营主体，农产品在网上销售的竞争力不强，农户参与的积极性、主动性不够。

（四）农业品牌建设的政策支持、监管保护、工作机制有待加强

一是对农业品牌建设的政策支持力度亟须加大。从江西实施的"三品一标"补助政策看，2016 年和 2017 年各补助 1000 万元，而安徽每年安排"三品一标"专项奖补资金 3000 万元，海南每年设立 1 亿元品牌农业发展专项资金。同时，现有政策以资金奖励为主，且对企业的支持力度较大，对合作社等新型经营主体的支持力度较小。二是对农业品牌的监管保护力度有待加强。以农业区域公用品牌为例，各地对申报和推广工作比较重

视，但对其监督管理较为滞后，缺乏相应的授权机制，出现了泛用、滥用问题，特别是一些假冒伪劣产品严重影响了品牌的声誉度。三是农业品牌建设的工作合力尚未真正形成。江西农业品牌建设仍然存在多头管理现象，缺乏权威的农业品牌信息发布渠道，各式各样的农产品品牌也容易造成消费者的混淆。同时，尽管江西农产品质量安全追溯平台已经正式上线运行，但覆盖范围仍比较窄，数据互联互通水平有待提升。

三、大力提升江西农业品牌建设水平的对策建议

（一）实施农业品牌整体形象塑造工程，推动区域公用品牌、企业品牌、产品品牌协同发展

一要加大农业区域公用品牌的整合提升力度。借鉴浙江"丽水山耕"区域公用品牌建设经验，以"生态鄱阳湖、绿色农产品"为主题，以稻米、水果、水产、茶叶、畜禽等为重点，以"同一区域、同一产业、同一品牌"为导向，支持有条件的地方大力开展品牌整合，形成一批覆盖全区域、全品类、全产业链的区域公用品牌，着力解决农业区域公用品牌"散、小、弱"的问题。二要持续提升农业企业品牌的市场竞争力和影响力。以农业区域公用品牌为依托，培育壮大一批与优势主导产业关系密切的农业产业化龙头企业，进一步扩大"国字号"企业数量。抓住国家支持农业产业化联合体建设的机遇，采取"公司 + 农民合作社 + 家庭农场""公司 + 家庭农场"等形式，组建一批农业产业化联合体，实现种养加、产加销一体化经营。三要做强做响一批农产品优势品牌。将农产品品牌与企业品牌、区域公用品牌建设紧密结合，提升优质农产品品牌知名度和市场认知度，挖掘一批历史悠久的老字号品牌农产品，争取更多的农产品入选中国驰名商标、中国名牌产品、全国名特优新农产品名录。

（二）实施绿色优质农产品保障工程，提升基地建设、原产地保护及标准化生产水平

一要打造全国知名的绿色有机农产品示范基地。以创建全国绿色有机农产品示范基地试点省为契机，以粮食、蔬菜、茶叶、畜禽、水果等

为重点，进一步加大"三品一标"认证推广力度，着力打造一批高水平的农产品地理标志示范样板、绿色食品原料标准化生产基地、绿色有机农产品示范县。二要大力开展生态原产地产品保护。以创建国家生态原产地产品保护示范区为抓手，对具有原产地特征和特性的生态型产品进行系统梳理，重点培育和打造以赣南脐橙、南丰蜜橘、鄱阳湖水产、庐山云雾茶、广昌白莲、泰和乌鸡、万年贡米等为代表的生态原产地保护产品。三要大力推进农业标准化生产。加快农产品质量标准的制定及修订工作，提升现有各类农业生产技术规范和操作规程，构建从土壤到餐桌的全过程质量控制标准体系。加大蔬菜、水果标准园和畜禽养殖标准化示范场、水产标准化健康养殖示范场建设力度，着力打造一批优势农产品标准化生产基地。

（三）实施农业品牌推广工程，扩大农产品国内外市场影响力和占有率

一要加大品牌农产品宣传力度。充分利用网站、微信、微博、报纸、杂志、电视、广播等渠道，构筑江西品牌农产品国内外宣传网络。充分依托中国国际有机食品博览会、中国绿色食品博览会等展示平台，宣传推介江西名优特新、"三品一标"农产品。二要建立品牌农产品展示营销中心。依托省内相关企业在全国各地设立的销售网点，按照"统一规划、统一形象、统一推介"的原则，建立集展示、体验、销售、订货为一体的品牌农产品展示营销中心，作为宣传推介江西品牌农产品的窗口。三要搭建品牌农产品电商专区。借助淘宝、京东及"赣农宝"等电商平台，加快建立江西品牌农产品电商专区，降低农产品电商物流成本，实现品牌农产品快捷出村进城。四要建立品牌农产品国际营销渠道。依托江西农产品出口的传统优势，积极拓展"一带一路"沿线市场，重点针对东南亚、中东、俄罗斯等进行品牌宣传推广，大力推动农产品自主品牌出口。

（四）实施农业品牌保护工程，营造崇尚品牌、尊重品牌、维护品牌的良好氛围

一要建立农业品牌评价体系。从品牌基础、品牌价值、品牌影响力、

品牌市场潜力等方面，建立江西农业品牌评价体系，科学、合理地反映农产品的真正价值和市场竞争力，每年发布江西农业品牌评价报告。二要制定农业品牌目录制度。遴选出市场竞争力强和发展潜力大的农业区域公用品牌、名特优新农产品、"三品一标"农产品形成品牌目录，授权使用江西农业整体品牌形象标识，并对农业品牌目录实行动态管理。三要推进农产品商标注册。引导农业产业化龙头企业、农民合作社等积极开展农产品商标和地理标志证明商标、集体商标的注册，不断增强新型农业经营主体的商标意识。四要加强品牌质量保证与诚信体系建设。对认证和授权的农产品商标和品牌进行监管，大力整治假冒伪劣、市场混淆、虚假宣传等乱象，引导农业企业自觉抵制傍名牌、仿品牌和假冒品牌等行为。

（五）实施农业品牌建设联动工程，构建合力推进农业品牌建设的工作格局

一要加强对农业品牌建设的规划引导。把品牌建设作为乡村振兴的重要抓手，以市场需求为导向，突出区域特色，科学制定江西农业品牌建设规划，进一步明确农业品牌建设的思路、重点和目标。二要加大对农业品牌建设的政策支持。整合相关涉农资金，设立江西农业品牌建设专项经费，加大对"三品一标"认证、商标注册、品牌推广等的扶持力度。采取贷款贴息、股权投资、财政奖补等方式，引导金融机构和社会资本积极参与农业品牌建设。三要建立全省统一的农产品溯源体系。依托农产品质量安全追溯平台，按照"统一系统建设、统一技术规范"的要求，整合全省农产品生产、经营企业的追溯管理信息，实现追溯信息互通共享。四要建设农业品牌专业化服务平台。重点培育和发展一批农业品牌建设中介服务企业，提升品牌设计、营销、咨询、评价、认证等方面的专业化服务水平。

专题6 引"金融活水"浇灌新型农业经营主体助推江西乡村全面振兴的对策建议

2019年5月21日，习近平总书记在南昌主持召开的推动中部地区崛起工作座谈会上强调，"要推进农业农村现代化，夯实粮食生产基础，坚持质量兴农、绿色兴农，不断提高农业综合效益和竞争力"。新型农业经营主体是江西乡村全面振兴的重要载体。当前，江西金融支农总量持续增长、新型农业经营主体发展不断壮大、金融支持手段日渐丰富、发展环境不断改善。总的来看，江西仍面临着新型农业经营主体内部管理不规范、金融主体支农扶农积极性不高、农业保险发展滞后、新型农业经营主体信用体系建设缓慢等方面的问题。对此，江西应主动作为，加强新型农业经营主体自身内控建设，构建新型农业经营主体多层次、广覆盖的融资体系，提升金融支农水平，加快新型农业经营主体信用体系建设，加大金融对新型农业经营主体扶持力度。为加快推动江西从农业大省向现代农业强省迈进，奋力谱写新时代乡村全面振兴江西篇章提供强大动力支撑。

培育壮大新型农业生产经营组织是推进现代农业建设的核心和基础。2019年5月21日，习近平总书记在推动中部地区崛起工作座谈会上强调，要推进农业农村现代化，夯实粮食生产基础，坚持质量兴农、绿色兴农，不断提高农业综合效益和竞争力。《国家乡村振兴战略规划（2018—2022年）》提出，要坚持家庭经营在农业中的基础性地位，构建家庭经营、集体经营、合作经营、企业经营等共同发展的新型农业经营体系。《中共江西省委江西省人民政府关于实施乡村振兴战略的意见》提出，在实施新型农业经营主体质量提升工程的同时，要健全适合"三农"特点的农村金融体系，把更多金融资源配置到农村经济社会发展的重点领域和薄弱环节，更好地满足乡村振兴多样化金融需求。为此，深入推进金融支持江西新型农业经营主体发展，是坚决贯彻总书记关于"推进农业农村现代化"重要指示的必然要求，对江西加快推动农业全面升级、农村全面进步、农民全面发展，努力实现从农业大省向现代农业强省迈进，具有重大的现实意义。

一、金融支持江西新型农业经营主体发展取得的主要成效

（一）金融支农总量持续增长，成为江西乡村振兴的支撑力量

随着国家培育和壮大新型农业经营主体步伐的不断加快，江西围绕构建"集约化、专业化、组织化、社会化相结合"的新型农业经营体系，加大了金融支持农业发展的力度。2018 年末，江西涉农贷款为 12274.4 亿元，同比增长 17.9%，连续两年高于全省各项贷款平均增速，高出全国增速的 12.3 个百分点；涉农贷款余额占各项贷款的比重为 40.16%，同比提高 0.17 个百分点，较 5 年前提高了 1.16 个百分点。其中，农村基础设施建设贷款和农田基本建设贷款增长较快，增速分别为 28.5% 和 50.4%，均大幅高于全省贷款平均增速。

（二）金融支持下新型农业经营主体发展不断壮大，成为江西乡村振兴的重要基础

自江西全面深化农村改革、推动现代化现代农业强省以来，新型农业经营主体呈现了多元化发展趋势。截至 2018 年 11 月，全省农民专业合作社达 66968 家，成员总数达 111.85 万人；家庭农场达 38500 个，经营总收入突破 70 亿元；农民合作社联合社达到 343 家；农业产业化省级龙头企业 865 家，其中国家重点龙头企业 40 家。同时，江西各类新型农业经营主体纷纷聚焦打造全国知名绿色有机农产品供应基地的目标，制定、实施统一的生产技术标准，组织广大社员进行标准化生产。截至 2018 年 11 月，全省已有 2137 家农民专业合作社拥有注册商标，有 1830 家合作社在城市社区建立了 2870 个直销店，覆盖社区数 2152 个。全省农民合作社生产、加工、销售的无公害产品，占全省无公害产品的 60% 以上；全省 2600 多家示范合作社，标准化生产率达 100%。

（三）金融支持新型农业经营主体手段日渐丰富，成为江西乡村振兴的重要途径

近年来，江西大力推进农村金融产品和服务方式的创新，丰富农村金融产品，加大支农再贷款支持力度，扩大金融机构涉农信贷投放，有力地带动了乡村振兴的金融服务工作。为加大对家庭农场等新型农业经营主体的金融信贷支持，全省农商银行系统因地制宜地推出了农村土地两权抵押贷款、"百福·金穗贷"、财政惠农信贷通等金融信贷产品，截至2017年10月，全省农商银行已对接包括家庭农场、农民合作社等新型农业经营主体38910户，授信金额204.3亿元，贷款余额153.2亿元，贷款较年初增长5.5亿元。另外，邮储银行上饶分行实现"客户找贷款产品"向"用产品来匹配客户"的服务大转变，截至2018年9月，该市分行累计向全市家庭农场领域投放信贷资金达15亿元，惠及3000余名新型农业经营主体。同时，邮储银行上饶分行不断创新信贷产品，坚持打造"一县一品"工程，陆续开发了万年"生猪贷"、余干"粮食贷"、广丰"马家柚贷"、婺源"民宿贷"等具有鲜明地方特色的产品，为满足新型农业经营主体的现实需要提供了更多选择。

（四）金融支持新型农业经营主体发展环境不断改善，成为江西乡村振兴的有力保障

随着江西农业供给侧结构性改革和现代农业强省建设的不断推进，江西新型农业经营主体发展的环境得到了逐步优化。2018年江西省制定下发了《关于加快构建政策体系积极培育新型农业经营主体的实施意见》，积极引导金融机构持续加大对各类新型农业经营主体的信贷投放，使更多新型农业经营主体受益。农村支付体系基础设施不断完善，支付服务环境进一步优化，形成城乡一体化的金融支付服务环境。2017年，全省小型农村金融机构（农村商业银行、农村合作银行、农村信用社）2531个，从业人数23476人，资产总额4756.6亿元、同比增长26%；新型农村金融机构（村镇银行、贷款公司和农村资金互助社）80个，较2012年增加21个，从业人数1589人，资产总额174.5亿元、同比增长23.8%；全省共

设立助农取款服务点 2.1 万余个,当年共办理助农取款业务 726.5 万笔,同比增长 33.5%。

二、金融支持江西新型农业经营主体发展面临的突出问题

(一)新型农业经营主体内部管理仍不规范,束缚了农村推进普惠金融的集聚效应

在传统向现代化农业转型的进程中,江西新型农业生产经营主体增速快、主体各自发展阶段不同,造成新型农业经营主体内部管理不规范的现象。部分新型农业生产经营主体规模较小,在市场经营中缺少相关专业经验及长远发展规划,农业技术应用程度低,抵抗风险能力不足。大多数农业合作社内部管理混乱,社员不按合作社规章规范运作,合作社没有形成利益联结机制。江西农业龙头企业大部分都是家族化管理,财务信息真实度较低,进而导致银行难以掌握企业的经营情况和准确的财务状况。农业企业融资贷款周期较长、金额较大等特点,更是加剧了农业企业融资难的现象。这些主体内部的问题加大了金融机构对主体的信贷风险,导致金融机构对新型农业经营主体的评级、贷款以及信贷回访的难度较大,成为限制金融支持新型农业主体的因素之一。

(二)金融主体扶农积极性不高,削弱了农村推进金融的杠杆效应

面对当前江西农业生产经营方式由传统农业向现代产业化加快发展的新征程,江西部分金融机构缺乏针对新型农业经营主体提供金融服务的积极性,落后的信贷管理模式束缚了农村融资体系的拓展。为农业农村服务的金融机构主要是大型金融机构分支机构或农业专业金融机构,中小型地方性金融机构较少,缺少金融服务现代农业产业化发展的有效载体。金融机构面向农业农村的金融产品较少,涉农信贷范围较窄,农村土地流转等市场相对不健全,缺少适合的抵押担保方式,使新型农业经营主体获取信贷途径与其资产规模不相匹配。供需双方矛盾突出,一方面,农业经营主体资金需求大与金融机构授信额度低的矛盾显著,无法满足现代农业发展的需要;另一方面,农业经营主体需求长与金融机构授信期限短的矛盾突

出，目前大多数金融机构涉农贷款期限为 1 年，以鄱阳湖生态渔业专业合作社还贷为例，该合作社不得不在非黄金销售期低价卖出农副产品，以按时还贷。

（三）农业保险发展滞后，扩大了农村推进金融的"木桶效应"

江西农业仍面临着洪涝干旱等自然灾害的侵害，因此农业保险对于现代农业发展具有保障作用。但江西金融支持农业发展以银行业金融机构为主，保险业金融机构支农参与程度低。新型农业经营风险大、赔付率高，保险业金融机构对农业企业开展业务积极性不高，现有保险险种较少、保费较高，难以缓解当前农业经营所存在的风险。截至 2017 年，江西农业保险保费收入为 10.3 亿元，仅占全国保险保费收入的 2.2%；江西为全省506.1 万户次参保农户提供风险保障 941.5 亿元，而湖北累计为农业生产提供风险保障 1801.9 亿元，江西仅为湖北的 52.2%。又如，广丰县一家种养殖大户有 300 亩土地规模化种植马家柚，而马家柚生产一般要经历 5年左右的生长期，期间面临各种自然灾害和病虫侵害，但农业保险并没有相应的保险品种。

（四）新型农业经营主体信用体系建设缓慢，制约了农村推进金融的辐射效应

江西建设社会信用体系步伐有所加快，但新型农业经营主体信用仍在建设初期，获得金融机构融资难度较大。农村整体金融环境落后，中小企业没有较好的信用程度，农民金融意识、信用意识淡薄，大多新型农业经营主体仍处于起步发展阶段，都具有生产规模小、资金需求大、有效抵（质）押物缺乏等特点，导致金融机构对新型农业经营主体的评级、贷款以及信贷回访等难度较大，造成有效抵押担保不足。江西农户信用档案较低的覆盖率，导致金融支持新型农业经营主体缺少信用信息支撑。这都造成新型农业经营主体很难向金融机构申请到所需的贷款，制约了在农村推进金融的辐射效应。截至 2017 年，全省为 469.3 万农户建立信用档案，占农户总数的 54.6%，而云南、安徽在 2011 年就分别为 698 万、926.9 万农户建立了纸质信用信息档案，占两省各自农户总数比重 73%、72%，较

江西 2017 年的占比分别高出 18.4 个、17.4 个百分点；湖北在 2013 年 5 月已为 841.1 万农户建立了信用档案。

三、进一步推进金融支持江西新型农业经营主体发展的对策建议

（一）加强新型农业经营主体自身内控建设，提升新型农业经营主体管理水平

新型农业经营主体自身稳步发展，有利于金融机构降低金融风险，提高金融机构涉农扶农的积极性。为此，新型农业经营主体应当不断加强自身内控建设。一要重视培育和引导新型农业经营主体改进管理方式，着力帮助新型农业经营主体解决经营发展中的困难和问题，加强业务指导，提供市场相关信息和政策。二要引导新型农业经营主体规范经营管理制度，建立健全主体高效的管理制度及各项规章制度，使新型农业经营主体的经营管理符合金融机构的信贷准入要求。三要加强管理和生产的科学性、有效性，积极鼓励经营主体引进专业技术人才，加强关注市场信息和相关政策，稳步实现产业化、规模化经营。

（二）构建新型农业经营主体多层次、广覆盖的融资体系，拓宽新型农业经营主体融资渠道

一要鼓励金融机构之间加强合作，引导社会资本积极参与新型农业经营主体建设，鼓励各类金融机构加强小额信贷、农业保险创新，构建多元化的金融间接融资服务体系。二要鼓励地方政府和民间出资设立融资性担保公司，为新型农业经营主体提供贷款担保服务。不断丰富农村金融机构类型，培育发展农村合作金融，鼓励民间出资设立服务"三农"的金融机构。三要支持利润率高、规模大的农业龙头企业在主板上市，鼓励规模化新型农业经营主体到中小企业板、创业板上市融资。

（三）提升金融支农水平，增强金融服务新型农业经营主体的能力

一要继续完善农村金融组织体系。进一步增加各金融机构在乡镇的经营网点，探索建立面向区域特色农业的专营服务机构和专业支行，拓宽金

融服务半径。大力发展村镇银行、小额贷款公司、农村资金互助社等新型金融组织。二要创新信贷产品和服务方式。健全各银行业金融机构"企业＋专业合作社＋农户""企业＋专业大户""企业＋家庭农场"等农业产业链金融服务模式，依托产业链中的核心企业提高对上下游经营组织的信贷支持。加强银行业金融机构与担保机构、保险公司合作，以农产品订单和保单等为标的资产，探索开发"信贷＋保险"金融服务新产品。三要拓展农业保险支持范围。增加政策性农业保险试点，增加农业品种，提高农业保险的覆盖面。发展渔业、畜禽业等特色农产品保险，开展农房、农机具和农产品质量保险，并利用出口信用保险为农产品出口提供风险保障。

（四）加快新型农业经营主体信用体系建设，夯实新型农业经营主体融入现代金融体系的信用基础

一要参照企业信用登记模式，不断完善补充江西新的农业经营主体的信用评价，将新形成的农业经营主体及时纳入信用评定范围，提高江西农户信用档案覆盖面，完善企业、个人信用系统，逐步将涉农信贷业务信息录入征信系统。二要加快制定新型农业经营主体信用评级办法，探索建立新型农业经营主体规范化信用评级技术和流程，培养农户诚信意识，建立健全符合新型农业经营主体特点的信用评价体系。三要借鉴信用村、信用农户建设经验，以农业合作社等组织体系为单位开展信用建设，构建守信经营的外部约束机制和组织增信基础，同时探索对产业联合体实行整体评级和授信模式。

（五）加大金融对新型农业经营主体政策扶持力度，以新型农业经营主体发展促进农业经济发展升级

一要加强财政与金融的协调配合。通过设立担保基金、风险补偿金以及贷款贴息、奖励补助等多种方式，建立财政促进金融支农的长效机制。创新财政支农机制，加强与银行合作，通过资金池、融资增信等手段，更好地发挥财政资金作用。鼓励银行扩大信贷投放，搞好农村金融机构定向费用补贴、农户贷款税收优惠、小额担保贷款贴息等政策。二要加强农村

金融生态环境建设。加大打击非法集资、不偿还银行债务等违规违法行为，规避化解金融风险，维护农村金融环境，为金融支持现代农业发展创造条件。三要加强考核激励。对县市区政府及各金融机构落实金融支农情况实行年度考评，把金融机构服务新型农业经营主体情况纳入年度考核范围，对新型农业经营主体金融服务效果突出的金融机构给予奖励或其他优惠扶持政策，将金融服务新型农业经营主体发展情况纳入乡村振兴考核重要内容。

参考文献

［1］ Andersen P, Petersen N C. A Procedure for Ranking Efficient Units in Data Envelopment Analysis ［J］. Management Science, 1993（39）: 1261 – 1265.

［2］ Banker R D, Charnes A, Cooper W W. Some Models for Estimating Technical and Scale Inefficiencies in Data Envelopment Analysis ［J］. Management Science, 1984（30）: 1078 – 1092.

［3］ Benjaminsen T A. The Population – agriculture – environment Nexus in the Malian Cotton Zone ［J］. Global Environmental Change, 2001, 11（4）: 283 – 295.

［4］ Biswas M R. Agriculture and Environment: A Review, 1972 – 1992 ［J］. Ambio, 1994（1）: 192 – 197.

［5］ Boserup E. Population and Technological Change: A Study of Long – Term Trends ［M］. Chicago: The University of Chicago Press, 1965.

［6］ Bravo – Ureta Boris E. Research, Extension, and Information: Key Inputs in Agricultural Productivity Growth ［J］. The Pakistan Development Review, 2002（1）: 443 – 473.

［7］ Carr D L, Lopez A C, Bilsborrow R E. The Population, Agriculture, and Environment Nexus in Latin America: Country – level Evidence from the Latter Half of the Twentieth Century ［J］. Population and Environment, 2009, 30（6）: 222 – 246.

[8] Charnes A, Cooper W W, Rhodes E. Measuring the Efficiency of Decision Making Units [J]. European Journal of Operations Research, 1978(2): 429 – 444.

[9] Chou J. Growth Theories in Light of the East Asian Experience [M]. University of Chicago Press, 1995: 105 – 128.

[10] Cleaver K, Schreiber G. Population Agriculture and the Environment in Africa [J]. Finance and Development, 1992, 29 (2): 34 – 35.

[11] Ehrlich P R, Ehrlich A H. Population, Resources, Environment: Issues in Human Ecology [M]. San Francisco: WH Freeman, 1970.

[12] Hiranandani V. Sustainable Agriculture in Canada and Cuba: A Comparison [J]. Environment Development & Sustainability, 2010, 12 (5): 763 – 775.

[13] Mardan Doost B, A E Brookfield, J Feddema. Estimating Irrigation Demand with Geospatial and in – situ Data: Application to the High Plains Aquifer, Kansas, USA [J]. Agricultural Water Management, 2019, 6 (10): 1 – 11.

[14] Reinert Kenneth A. Rural Conform Development: A Trade Theoretic View [J]. Journal of International Trade and Economic Development, 1998 (4): 1 – 17.

[15] Smith Thomas B. The Police Implementation Process [J]. Policy Science, 1973 (4).

[16] Taisuke Takayama, Hirotaka Matsuda, Tomoaki Nakatani. The Determinants of Collective Action in Irrigation Management Systems: Evidence from Rural Communities in Japan [J]. Agricultural Water Management, 2018, 4 (31): 113 – 123.

[17] Tetsuya Oda, Kaoru Moriwaki, Kazuhiko Tanigaki. Irrigation Ponds in the Past, Present and Future: A Case Study of the Higashi Harima Region, Hyogo Prefecture, Japan [J]. Journal of Hydro – environment Research, 2018,

11 (4)：19 – 24.

［18］Tone K. A Slacks – based Measure of Efficiency in Data Envelopment Analysis ［J］. European Journal of Operations Research，2001 (130)：498 – 509.

［19］Tone K. A Slacks – based Measure of Super – efficiency in Data Envelopment Analysis ［J］. European Journal of Operations Research，2002 (143)：32 – 41.

［20］Urdal H. People V S. Malthus：Population Pressure，Environmental Degradation，and Armed Conflict Revisited ［J］. Journal of Peace Research，2005，42 (4)：417 – 434.

［21］Weatherley R，Lipsky M. Street Level Bureaucracies and Institutional Innovation：Implementing Special Education Reform ［J］. Harvard Educational Review，1975 (5).

［22］Zhang J X，Song J Y. Comparison on Agricultural Collectivizations Between China and Soviet Union ［J］. Economic Survey，2003 (2)：59 – 61.

［23］曹俊杰. 新中国成立 70 年农业现代化理论政策和实践的演变 ［J］. 中州学刊，2019 (7)：38 – 45.

［24］陈国生，丁翠翠，郭庆然. 基于熵值赋权法的新型工业化、新型城镇化与乡村振兴水平关系实证研究 ［J］. 湖南社会科学，2018 (6)：114 – 124.

［25］陈纪平. 家庭与现代农业经济组织的功能与界限 ［J］. 西部论坛，2017，27 (5)：27 – 36.

［26］陈秋红，朱侃. 国内农业经济研究 40 年：热点主题与研究前沿——基于高被引论文关键词大数据的分析 ［J］. 河南师范大学学报（哲学社会科学版），2019，46 (1)：65 – 72.

［27］陈实，刘颖，刘大鹏. 农技推广率、农业机械化与湖北省水稻生产 ［J］. 农业技术经济，2019 (6)：29 – 37.

［28］陈潇. 美国农业现代化发展的经验及启示 ［J］. 经济体制改

革，2019（6）：157－162.

　　［29］陈晓末. "大国小农"下云南农村改革的困境与出路［J］. 云南社会科学，2019（4）：75－82.

　　［30］陈义媛. 中国农业机械化服务市场的兴起：内在机制及影响［J/OL］. 开放时代，2019（3）：8－9，169－185［2020－03－07］. http：//kns. cnki. net/kcms/detail/44. 1034. c. 20190716. 1721. 016. html.

　　［31］陈义媛. 中国农业机械化服务市场的兴起：内在机制及影响［J］. 开放时代，2019（3）：8－9，169－185.

　　［32］陈政，崔若男，刘会平. 区域交通与农业现代化耦合协调性研究——以河北省为例［J/OL］. 经济地理［2020－03－07］. http：//kns. cnki. net/kcms/detail/43. 1126. K. 20200120. 0821. 002. html.

　　［33］崔春生，朱向琳，任亚丹，祝晓梦. 基于犹豫模糊多属性决策方法的农业现代化水平评价研究［J］. 管理评论，2019，31（11）：195－201.

　　［34］崔凯，冯献. 我国农业农村信息化的阶段性特征与趋势研判［J/OL］. 改革［2020－03－07］. http：//kns. cnki. net/kcms/detail/50. 1012. F. 20200225. 0915. 002. html.

　　［35］丁慧媛. 沿海省市区"新四化"水平及其耦合协调度演进特征［J］. 湖南农业大学学报（社会科学版），2019，20（3）：67－75.

　　［36］丁静. 新时代乡村振兴与新型城镇化的战略融合及协调推进［J］. 社会主义研究，2019（5）：74－81.

　　［37］丁香香. 中国与加拿大农业现代化发展的差异性分析［J］. 世界农业，2019（5）：39－44，112.

　　［38］丁志刚，王杰. 中国乡村治理70年：历史演进与逻辑理路［J］. 中国农村观察，2019（4）：18－34.

　　［39］董维春，梁琛琛，刘晓光. 从传统到现代的高等农业教育——兼论中国"新农科"教育［J］. 中国农史，2018，37（6）：33－45.

　　［40］董志勇，王德显. 科技创新、生产模式变革与农业现代化［J］.

新视野，2019（6）：34-40.

［41］杜受祜．深入推进新时代乡村振兴战略是对改革的最好纪念
［J］．农村经济，2018（12）：3-5.

［42］杜鹰．小农生产与农业现代化［J］．中国农村经济，2018
（10）：2-6.

［43］方兰，李双媛，陈龙．习近平关于"三农"问题系列重要论述
的全面性特征及其价值指向［J］．陕西师范大学学报（哲学社会科学
版），2019，48（4）：12-20.

［44］方师乐，黄祖辉．新中国成立70年来我国农业机械化的阶段性
演变与发展趋势［J］．农业经济问题，2019（10）：36-49.

［45］方师乐，卫龙宝，伍骏骞．非农就业视角下城镇化对农业机械
化的影响［J］．经济理论与经济管理，2018（11）：81-93.

［46］方伟，康艺之．2010年上半年广东农业农村经济形势及建议
［J］．广东农业科学，2010，37（9）：236-237.

［47］冯兵兵，赵凌云．1958~1965年农田机电排灌事业的历史考察
［J］．当代中国史研究，2019，26（6）：89-100，159.

［48］冯献，李瑾．新型城镇化进程中的农村地区信息传播能力：内
涵、提升机理与策略［J］．科技管理研究，2018，38（21）：277-282.

［49］高强，孔祥智．新中国70年的农村产权制度：演进脉络与改革
思路［J］．理论探索，2019（6）：99-107.

［50］高小明，郭剑雄．城乡经济结构转型的国际经验及启示［J］.
经济纵横，2020（1）：123-132.

［51］高啸，张新文，戴芬园．家庭经营模式创新与农业现代化的路
径选择——基于联耕联种和按户连片实践的思考［J］．农村经济，2019
（2）：102-109.

［52］顾钰民，汪艳．"三权分置"：中国特色社会主义农村集体土地
产权模式的创新［J］．学习与实践，2017（10）：41-48.

［53］郭海红．互联网驱动农业生产性服务创新：基于价值链视角

[J]. 农村经济, 2019 (1): 125 - 131.

[54] 韩文龙. 以城乡融合发展推进农业农村现代化 [J]. 红旗文稿, 2019 (1): 24 - 26.

[55] 何建宁. 乡村振兴: 在"变"与"不变"中准确把握习近平现代大农业理论 [J]. 西安财经学院学报, 2019, 32 (6): 18 - 25.

[56] 何宇鹏, 武舜臣. 连接就是赋能: 小农户与现代农业衔接的实践与思考 [J]. 中国农村经济, 2019 (6): 28 - 37.

[57] 贺青梅, 李海金. 农业供给侧结构性改革、农民需求偏好与地方政府治理——基于中部 X 省综合农业现代化项目实施过程的分析 [J]. 河南师范大学学报 (哲学社会科学版), 2018, 45 (6): 30 - 35.

[58] 贺雪峰. 应对老龄社会的家庭农业 [J]. 人文杂志, 2017 (10): 103 - 109.

[59] 洪银兴, 王荣. 农地"三权分置"背景下的土地流转研究 [J]. 管理世界, 2019, 35 (10): 113 - 119, 220.

[60] 黄建红. 乡村振兴战略下基层政府农业政策执行困境与破解之道——基于史密斯模型的分析视角 [J]. 农村经济, 2018 (11): 9 - 16.

[61] 黄玛兰, 李晓云. 农业劳动力价格上涨对农作物种植结构变化的省际差异性影响 [J]. 经济地理, 2019, 39 (6): 172 - 182.

[62] 姬冠, 曾福生. 现代农业三大体系构建的逻辑与方略——以农业大省湖南为例 [J]. 湖南农业大学学报 (社会科学版), 2019, 20 (3): 24 - 28.

[63] 贾博婷, 赵天威, 祝志川. 基于熵值修正 G2 赋权的综合评价方法及实证 [J]. 统计与决策, 2019, 35 (8): 30 - 35.

[64] 江孝君, 杨青山, 张郁, 王小艳, 陈长瑶. 中国经济社会协调发展水平空间分异特征 [J]. 经济地理, 2017, 37 (8): 17 - 26.

[65] 江泽林. 把握新时代农业机械化的基本特性 [J]. 农业经济问题, 2019 (11): 4 - 14.

[66] 姜安印, 陈卫强. 小农户存在的价值审视与定位 [J]. 农业经

济问题，2019（7）：73 - 83.

　　［67］蒋淇威，夏维力．农村金融发展促进农业科技进步的直接与间接作用［J］．科技管理研究，2017，37（20）：27 - 34.

　　［68］蒋永穆，卢洋，张晓磊．新中国成立70年来中国特色农业现代化内涵演进特征探析［J］．当代经济研究，2019（8）：9 - 18，113.

　　［69］解安，路子达．农村现代化：实现"两个一百年"奋斗目标的必由之路［J］．河北学刊，2019，39（6）：105 - 109.

　　［70］金铂皓，纪晓岚．机械化与粮食增产：直接影响还是间接影响？——基于5类品种的实证［J］．中国农业资源与区划，2019，40（10）：58 - 67.

　　［71］康艺之，万忠，方伟，林伟君．广东现代农业强省评价指标体系的建立及应用［J］．广东农业科学，2010（8）.

　　［72］康艺之，万忠，方伟，林伟君．广东现代农业强省评价指标体系的建立及应用［J］．广东农业科学，2010，37（8）：305 - 306.

　　［73］孔令然．农民工市民化转换的政府责任［J］．人民论坛，2019（13）：84 - 85.

　　［74］赖红兵，鲁杏．国外农业现代化和农村水利建设经验对我国的启示［J］．中国农业资源与区划，2019，40（11）：266 - 273.

　　［75］李标，宋长旭，吴贾，吴波．中国新四化对能源强度的影响［J］．资源科学，2017，39（8）：1444 - 1456.

　　［76］李海斌，荆文英．契约规则在农民专业合作社中的地位、作用和影响［J］．经济问题，2019（9）：81 - 85.

　　［77］李静，马丽娟．日本城镇化进程中的土地利用问题探析［J］．求是学刊，2017，44（5）：76 - 83.

　　［78］李俊茹，王明利，杨春，石自忠．中国肉牛产业全要素生产率的区域差异与影响因素——基于2013～2017年15省区的面板数据［J］．湖南农业大学学报（社会科学版），2019，20（6）：46 - 55.

　　［79］李宁，汪险生，王舒娟，李光泗．自购还是外包：农地确权如

何影响农户的农业机械化选择? ［J］. 中国农村经济, 2019 (6): 54 - 75.

［80］李庆红. 江西现代农业发展 "接二连三" 的思考及建议 ［J］.
价格月刊, 2016 (8): 81 - 84.

［81］李珊珊, 王帅. 农业科技与政治引领: 人民公社时期样板田运
动研究——以山西省晋西北地区为例 ［J］. 科学技术哲学研究, 2019, 36
(2): 90 - 96.

［82］李世杰. 智慧农业发展双向驱动机制研究 ［J］. 科技管理研
究, 2019, 39 (10): 85 - 90.

［83］栗滢超, 杜如宇, 李鸣慧, 李林莉. 农业生产投入要素与农业
增长关系研究 ［J］. 地域研究与开发, 2019, 38 (3): 160 - 164.

［84］廖媛红, 宋默西. 小农户生产与农业现代化发展: 日本现代农
业政策的演变与启示 ［J］. 经济社会体制比较, 2020 (1): 84 - 92.

［85］刘春明, 郝庆升, 周杨. 中国绿色农产品生产技术效率研究
［J］. 统计与决策, 2020, 36 (1): 53 - 56.

［86］刘国斌, 车宇彤. 农业信息化与农业现代化融合发展研究［J］.
情报科学, 2019, 37 (1): 148 - 155.

［87］刘玉丽, 马正兵. 乡村振兴中农民转型的普惠金融支持及其福
利效应 ［J］. 西北民族大学学报 (哲学社会科学版), 2019 (6): 163 -
175.

［88］娄钰华, 张松林. 工业化、城镇化与农业现代化协调发展
路径——基于系统动力学仿真研究 ［J］. 学习与实践, 2019 (11):
65 - 72.

［89］芦千文, 吕之望, 李军. 为什么中国农户更愿意购买农机作业
服务——基于对中日两国农户农机使用方式变迁的考察 ［J］. 农业经济问
题, 2019 (1): 113 - 124.

［90］芦千文. 中国农业生产性服务业: 70 年发展回顾、演变逻辑与
未来展望 ［J］. 经济学家, 2019 (11): 5 - 13.

［91］陆岷峰．关于乡村金融供给侧结构性改革支持乡村振兴战略研究［J］．当代经济管理，2019，41（10）：84－90.

［92］马晓河．构建优先发展机制　推进农业农村全面现代化［J］．经济纵横，2019（2）：1－7，137.

［93］马骍，高雪姮．中国"五化"协同发展水平动态测度及影响因素研究——来自283个地级市面板数据的经验证据［J］．河南师范大学学报（哲学社会科学版），2019，46（2）：66－71.

［94］孟枫平．现代农业强省评价指标体系的研究［J］．农业技术经济，1999（4）．

［95］欧沙，成思婕，罗晓霞，彭文武，陈慧卿．湖南省"五化"协同发展评价及对策［J］．经济地理，2019，39（8）：44－50，58.

［96］彭超，刘合光．"十四五"的农业农村现代化：形势、问题与对策［J］．改革，2020（2）：20－29.

［97］曲延春，王成利．政策演进与乡村治理四十年：1978－2018——以中央一号文件为基础的考察［J］．学习与探索，2018（11）：66－74.

［98］任大鹏，曲承乐．改革开放40年我国农村法治进展与展望［J］．中国农业大学学报（社会科学版），2018，35（6）：34－43.

［99］任守云，付会洋．农业现代化进程中农耕知识传播的动力、过程和影响——以河北省李村为例［J］．农业经济问题，2017，38（9）：92－100，112.

［100］阮文彪．小农户和现代农业发展有机衔接——经验证据、突出矛盾与路径选择［J］．中国农村观察，2019（1）：15－32.

［101］沈费伟．农业科技推广服务多元协同模式研究——发达国家经验及对中国的启示［J］．经济体制改革，2019（6）：172－178.

［102］石清华．我国农业微创新的实践及发展对策研究［J］．中州学刊，2019（8）：35－41.

［103］宋冬林，谢文帅．新中国成立七十年农村经济体制改革的政治

经济学逻辑 〔J〕．苏州大学学报（哲学社会科学版），2019，40（5）：
82－92．

　〔104〕宋伟，吴限．大数据助推智慧农业发展〔J〕．人民论坛，
2019（12）：100－101．

　〔105〕苏志宏，徐田．邓小平"两个飞跃"理论视阈下新时代农业生
产经营方式的发展创新〔J〕．理论视野，2019（3）：37－42．

　〔106〕孙新华，曾红，周娟．乡村振兴背景下我国小农户的命运与出
路〔J〕．农村经济，2019（9）：33－41．

　〔107〕谭雪兰，安悦，王振凯，蒋凌霄，陈晓红．湖南省乡村贫困的
影响因素及调控路径研究〔J〕．地理研究，2019，38（11）：2804－
2815．

　〔108〕陶自祥．"三权分置"与农村土地流转制度创新——以 C 县
"虚拟地块"制度创新为例〔J〕．思想战线，2019，45（6）：129－135．

　〔109〕滕兆岳，李涵．交通运输成本与农业机械化〔J〕．经济评论，
2020（1）：84－95．

　〔110〕田则林．用产业化建设现代农业　变农业大省为经济强省
〔J〕．农业经济问题，1995（5）：28－32．

　〔111〕汪发元，叶云．乡村振兴战略背景下的农村经营体制改革
〔J〕．学习与实践，2018（12）：38－43．

　〔112〕王海娟，胡守庚．合作瓦解：农业机械化发展的一种解释路
径——兼论中国农业发展的道路选择〔J〕．南京农业大学学报（社会科学
版），2019，19（2）：38－45，156．

　〔113〕王海娟，胡守庚．自主治理与小农农业现代化的路径〔J〕．
农业经济问题，2019（9）：64－73．

　〔114〕王连花．习近平乡村振兴思想略论〔J〕．湖南农业大学学报
（社会科学版），2019，20（1）：1－9．

　〔115〕王颂吉，魏后凯．城乡融合发展视角下的乡村振兴战略：提出
背景与内在逻辑〔J〕．农村经济，2019（1）：1－7．

［116］王文龙．地区差异、代际更替与中国农业经营主体发展战略选择［J］．经济学家，2019（2）：82－89．

［117］王文龙．新型农业经营主体、小农户与中国农业现代化［J］．宁夏社会科学，2019（4）：101－108．

［118］王勇．新型城镇化进程中现代乡村文明建设的逻辑与理路［J］．西安财经学院学报，2017，30（5）：72－77．

［119］王兆华．新时代我国农业农村现代化再认识［J］．农业经济问题，2019（8）：76－83．

［120］魏后凯，刘长全．中国农村改革的基本脉络、经验与展望［J/OL］．中国农村经济，2019（2）：2－18［2020－03－07］．http：//kns.cnki.net/kcms/detail/11.1262.F.20190410.1654.002.html．

［121］温涛，何茜．新时代中国乡村振兴战略实施的农村人力资本改造研究［J］．农村经济，2018（12）：100－107．

［122］吴海峰．现代农业强省的内涵特征及建设路径探索［J］．农村经济，2017（11）：13－17．

［123］吴秋菊．集体所有制视域下农地"三权分置"改革研究［J］．学习与探索，2018（12）：89－95．

［124］伍旭中．过渡农业、成长经济与中国现代农业道路选择［J］．安徽师范大学学报（人文社会科学版），2017，45（5）：576．

［125］夏金梅．"三农"强富美：美国乡村振兴的实践及其经验借鉴［J］．世界农业，2019（5）：10－14．

［126］辛岭，高睿璞．我国新型农业经营体系发展水平评价［J］．经济学家，2017（9）：73－80．

［127］熊爱华，张涵．农村一二三产业融合：发展模式、条件分析及政策建议［J］．理论学刊，2019（1）：72－79．

［128］熊春林，李卉，尹慧慧．新世纪以来我国农村农业信息化研究的热点识别与趋势预测［J］．科技管理研究，2019，39（15）：182－190．

［129］熊雪锋，刘守英．山东省的农业工业化及其转型升级［J］．山东社会科学，2019（8）：82-90．

［130］徐坤，王智．新中国七十年工业化进程中的"中国智慧"［J］．广西大学学报（哲学社会科学版），2019，41（2）：13-19．

［131］徐梅．日本农业现代化再探讨及启示［J］．日本学刊，2019（S1）：202-203．

［132］徐勤航，诸培新，曲福田．小农户对接农业生产现代化的制度创新解析——以山东省纯化镇土地托管为例［J］．干旱区资源与环境，2019，33（11）：77-82．

［133］徐田，苏志宏．马克思主义经典作家农业生产经营方式改造变革理论与当代启示［J］．毛泽东邓小平理论研究，2019（4）：33-41，108．

［134］徐小琪，李燕凌．中国信息化与农业现代化协调发展研究——基于省域视角及2003~2016年数据的分析［J］．湖南农业大学学报（社会科学版），2019，20（3）：58-66．

［135］徐旭初，吴彬．合作社是小农户和现代农业发展有机衔接的理想载体吗？［J］．中国农村经济，2018（11）：80-95．

［136］许珍珍，赵晓峰．日本小规模农业的发展经验及启示［J］．世界农业，2019（6）：85-90，97，119．

［137］闫周府，吴方卫．从二元分割走向融合发展——乡村振兴评价指标体系研究［J］．经济学家，2019（6）：90-103．

［138］杨阿维，贾利乐．基于乡村振兴视阈下的西藏农业现代化实证研究［J］．西藏大学学报（社会科学版），2019，34（4）：147-154．

［139］杨华，芮旸，李炬霖，李同昇．陕西省农业现代化水平时空特征及障碍因素［J］．资源科学，2020，42（1）：172-183．

［140］杨建辉．农业化学投入与农业经济增长脱钩关系研究——基于华东6省1市数据［J］．自然资源学报，2017，32（9）：1517-1527．

［141］杨明清．十八大以来推进"三农"发展研究［J］．理论学刊，

2017 (5): 25 – 33.

[142] 杨清媚. 土地、市场与乡村社会的现代化——从费孝通与托尼的比较出发 [J]. 社会学研究, 2019, 34 (4): 218 – 240, 246.

[143] 杨少华, 侯方高. 山东省跨入现代农业强省的标准及实现途径研究 [J]. 青岛建筑工程学院学报, 2001 (3).

[144] 杨子, 张建, 诸培新. 农业社会化服务能推动小农对接农业现代化吗——基于技术效率视角 [J]. 农业技术经济, 2019 (9): 16 – 26.

[145] 叶敬忠, 豆书龙, 张明皓. 小农户和现代农业发展: 如何有机衔接? [J]. 中国农村经济, 2018 (11): 64 – 79.

[146] 伊庆山. 乡村振兴战略背景下农业新旧动能有序转换研究 [J]. 江汉学术, 2020, 39 (1): 35 – 45.

[147] 于伟, 张鹏. 农村教育推动农业现代化发展的非线性效应——基于城市化进程的区域异质性门槛视角 [J]. 经济社会体制比较, 2019 (1): 52 – 60.

[148] 余淑均. 人的全面发展视阈下的中国新型城镇化建设思考 [J]. 湖北社会科学, 2018 (12): 42 – 48.

[149] 虞松波, 刘婷, 曹宝明. 农业机械化服务对粮食生产成本效率的影响——来自中国小麦主产区的经验证据 [J]. 华中农业大学学报 (社会科学版), 2019 (4): 81 – 89, 173.

[150] 曾令秋, 王芳. 农业产业化发展水平评价研究——以四川省为例 [J]. 农村经济, 2018 (11): 53 – 60.

[151] 张荐华, 高军. 发展农业生产性服务业会缩小城乡居民收入差距吗?——基于空间溢出和门槛特征的实证检验 [J]. 西部论坛, 2019, 29 (1): 45 – 54.

[152] 张俊飚, 颜廷武. 中国农业经济管理学科发展 70 年: 回顾与展望 [J]. 华中农业大学学报 (社会科学版), 2019 (5): 1 – 11, 164.

[153] 张丽君, 田一聪, 时保国. 民族地区乡村振兴战略的理论回溯与研究展望——基于知识图谱的可视化分析 [J]. 中央民族大学学报 (哲

学社会科学版），2019，46（2）：5－13.

［154］张晓山. 理想与现实的碰撞：《农民专业合作社法》修订引发的思考［J］. 求索，2017（8）：16－24.

［155］张应武，欧阳子怡. 我国农业农村现代化发展水平动态演进及比较［J］. 统计与决策，2019，35（20）：95－98.

［156］张正河，杜凯. 中国工农城乡发展：滞后与同步推进［J］. 中国软科学，2019（2）：62－77.

［157］章群，邓旭. 专业合作社用人单位资格认定的实证考察与理论审思［J］. 中国农村观察，2019（5）：87－109.

［158］赵玲. 共享发展视域中农村基本公共服务均等化研究［J］. 马克思主义与现实，2019（4）：159－165.

［159］赵晓峰，孙新华，张建雷. 家庭经营的弹性结构与渐进的中国农业现代化实践［J］. 西北农林科技大学学报（社会科学版），2019，19（6）：83－92.

［160］郑兴明. 习近平农业现代化思想的四重维度［J］. 求索，2017（9）：38－44.

［161］郑兴明. 乡村振兴的东亚经验及其对中国的启示——以日本韩国为例［J］. 兰州学刊，2019（11）：200－208.

［162］钟真. 社会化服务：新时代中国特色农业现代化的关键——基于理论与政策的梳理［J］. 政治经济学评论，2019，10（2）：92－109.

［163］周国华，刘畅，唐承丽，贺艳华，吴佳敏，何兰. 湖南乡村生活质量的空间格局及其影响因素［J］. 地理研究，2018，37（12）：2475－2489.

［164］周洁红，魏珂. 发达国家职业农民培育政策的演变及启示［J］. 农业经济问题，2019（8）：138－144.

［165］周振，孔祥智. 农业机械化对我国粮食产出的效果评价与政策方向［J］. 中国软科学，2019（4）：20－32.

［166］朱侃，陈秋红，孙枭坤. 近20年来国内农业经济研究：议题、

脉络与走向〔J〕. 华中农业大学学报（社会科学版），2019（1）：85 -
96，166 - 167.

　　〔167〕朱信凯，张晨，杨晓婷. 习近平农业思想及十八大以来的实践
〔J〕. 经济社会体制比较，2017（5）：1 - 12.